Erwin Steinhauer
Fritz Schindlecker

Wir sind SUPER!

Die österreichische Psycherl-Analyse

ueberreuter

Mit freundlicher Unterstützung durch das
BUNDESKANZLERAMT ÖSTERREICH

1. Auflage 2016

ISBN 978-3-8000-7654-3

Covergestaltung: Saskia Beck, s-stern.com
Coverfotos: Christoph Meissner
Lektorat: Marina Hofinger
Satz: Ekke Wolf, typic.at
Druck und Bindung: Finidr s.r.o.

www.ueberreuter-sachbuch.at

Inhalt

Vorwort

Die Psychoanalyse ist eine Methode,
bei der ein Arzt von einem Patienten ein paar Jahre leben kann.

Anton Kuh, Schriftsteller und Vortragskünstler

Geschätzte hochgebildete Leserin, lieber bemühter Leser,

über die österreichische Seele wurde ja schon oft und viel geschrieben: nachdenklich Machendes, Heiteres, selten Positives. Selbst große Geister der Seelenforscherzunft entrangen sich fast ausschließlich Hämisches und Abwertendes. Das bedauern wir zutiefst. Und deshalb sagen wir auch laut und deutlich: Mit dieser Nestbeschmutzung muss endlich Schluss sein!

So sind wir als erfahrene Austrologen denn auch ausgezogen, um die Beschaffenheit der heimischen Seele unter den verschiedensten Aspekten auszuloten. Dabei entdeckten wir bei unseren Analysen keine verhärteten Psychen, sondern typisch österreichische zarte »Psycherln« - charmant, gut gelaunt und doch so verwundbar!

Sagen wir es rund heraus, offen und vielstimmig: Die Österreicher sind super! Denn wir kennen keine Angst vor dem Unbekannten. Wir gehen auf das Fremde ganz offen zu, sofern es genauso spricht wie wir, dasselbe isst wie wir, sich genauso anzieht wie wir und unter der Einwanderungsobergrenze liegt. Dann muss sich jeder, der bei uns leben will, unseren erprobten Werten anpassen - unseren Leber-, Cholesterin- und auch unseren Demokratiewerten. Wer sich weigert, das zu tun, der hat bei uns nichts verloren - außer seiner Aufenthaltsgenehmigung.

Wenn auch Sie sich nicht scheuen, offen und tolerant vor allem sich selbst gegenüber zu sein, dann lesen Sie weiter. Und Sie werden sich noch wundern, was alles möglich ist!

Prof. Dr. veg. Erwin Steinhauer
Extraordinarius für Psycho-Austronomie & Ösi-Traumatik
an der Privathochschule Sievering, Wien

Dozent Mag. hyp. Fritz Schindlecker
Lektor für Austrosophie & Suderantik
am College for Lower-Austrian-Studies
in Unteraigen, Langenlebarn

Erster Teil

Das sind wir

Grüß Gott, Welt!

Dies Oesterreich ist eine kleine Welt,
in der die große ihre Probe hält.
Und waltet erst bei uns das Gleichgewicht,
so wird's auch in der andern wieder licht.

Friedrich Hebbel, Dramatiker und Lyriker

Hör zu, Welt, wir haben dir so viel gegeben, wir Österreicherinnen und Österreicher: den Radetzky-Marsch, das Salzburger Nockerl, den Grünen Veltliner, Red Bull und nicht zu vergessen die Glock, die erfolgreichste Faustfeuerwaffe seit dem Colt-Peacemaker. Dazu auch noch, quasi als Extrabonus, die Psychoanalyse, den Austromarxismus, die Entdeckung des Franz-Josephs-Lands und das Punschkrapferl. Weiters: Kaiserschmarren, LD-Verfahren, Kaplanturbine, Nähmaschine, Rhesusfaktor, Steyrtraktor, Schrödingers Katz, den Heldenplatz, Schiffsschraube und Zweigelttraube.

Diese Liste ließe sich beliebig fortsetzen, selbst, wenn wir Sachertorte, Stanglpass und Stemmschwung gar nicht erwähnten.

Und was, Welt, haben wir von dir bekommen?

Nicht viel, unter uns gesagt! Oder?

Außer sarkastischer Häme, verleumderischen Unterstellungen und übler Nachrede. Erst in jüngster Vergangenheit wurde von internationalen Presseorganen behauptet, wir könnten keine ordentliche Wahl organisieren! Ja, es wurde sogar überlegt uns OSZE-Beobachter zu schicken. Jetzt aber einmal ehrlich und Hand aufs Herz, Welt: Wie soll man geheim wählen, wenn man dabei dauernd beobachtet wird? Ja, da kann man jetzt schon ein bisserl nachdenken darüber, gell, Welt?

Außerdem wirft uns vor allem das deutsche Feuilleton in regelmäßigen Abständen immer wieder Drückebergerei und Schlendrian vor – besonders, was unseren kreativen Umgang mit europaweiten Problemlösungen oder gar unsere feinsinnige Auseinandersetzung mit unserer Vergangenheit betrifft. Jener Vergangenheit übrigens, die wir im platten landläufigen Verständnissinn nicht haben und erst recht nie hatten. Denn wir Österreicherinnen und Österreicher leben im Hier und Jetzt. Wir sind seit urdenklichen Zeiten bei jeder Hetz dabei, ohne aber jemals irgendwo *dabei gewesen* zu sein.

Um das einmal etwas volksnah und damit allgemein verständlich zu formulieren: Wir, die wir Stadt und Land von der March bis zum Bodensee und von der Thaya bis zum Brenner immer schon besiedeln, definieren uns niemals über unsere *Gewesenheit*, sondern ausschließlich über unser *Sein*. Und in jedem Seinsmoment wissen wir, dass uns nichts erspart bleiben wird, von dem wir im Nachhinein nicht sagen könnten, dass es sehr schön gewesen wäre und uns sehr gefreut hätte. Für uns war, rückblickend gesehen, immer alles schön und hat uns sehr gefreut.

Und warum? Weil wir immer alles richtig gemacht haben.

Es gibt kein vergleichbares Volk, das immer alles so richtig gemacht hat wie wir Österreicher. Im 19. Jahrhundert, als Großmachtdenken in ganz Europa wahnsinnig angesagt war, da waren wir eine Großmacht. Und als in den 1970er-Jahren die Mode des »Small is beautiful« aufkam, da waren wir schon seit Jahrzehnten ein aus dynastischen und nationalistischen Herrschaftsträumen übrig gebliebener Kleinstaat – und somit wieder einmal Vorreiter eines neuen Denkens!

Gut, liebe Welt, ja! Wir hören ganz deutlich deinen Einwand: *Dazwischen habt ihr* Ösis *aber weiß Gott nicht immer alles hundertprozentig richtig gemacht.* Richtig. Mag sein. Und? Wir gestehen das ja auch schon seit fast ewigen Zeiten mit kompromisslosen Einschränkungen knallhart beinahe immer wieder ein!

Aber das, was wir falsch gemacht haben, taten wir immer aus edlen Beweggründen. Sofern wir bei dem, was wir gemacht haben, überhaupt dabei waren, was wir aber, siehe oben, im Regelfall eben gar nicht waren.

Nur solch wunderbare Menschen, die ihr Gewissen erforschen und ihre Reue wecken, können mit sich selbst so flächendeckend im Einklang leben, wie wir das tun. Kein Wunder, dass der von uns so verehrte Freud Sigi ausgerechnet »bei uns daham« und nicht etwa für den Islam die Psychoanalyse erfunden hat.

Denn die Trinität von Es, Ich und Über-Ich ist im heimischen Volkscharakter ebenso harmonisiert wie in jeder einzelnen österreichischen Seele.

Und dies, obwohl wir es immer verdammt schwer hatten.

Denn wie sagte schon im Jahre 1871 der österreichische Autor und Verwaltungsjurist Daniel Spitzer so richtig?

»In Österreich fällt alles schwer: Jeder Theaterdirektor erklärt, das Theater sei in Österreich schwer zu leiten; jeder Bürgermeister, die Straßen seien in Österreich sehr schwer zu reinigen; jeder Polizeidirektor, die Mörder seien in Österreich schwer zu erwischen; und die Satiriker behaupten, es sei schwer, in Österreich keine Satire zu schreiben.«

Inzwischen hat sich aber doch einiges geändert: Wir brauchen keine Satire mehr zu schreiben. Wir leben sie!

Hiesige und Zugereiste

In Wien, Niederösterreich oder Oberösterreich hat jeder Zweite eine tschechische Cousine, Tante oder Großmutter gehabt. Im 19. Jahrhundert lebten 300 000 Tschechen in Wien. Wien, Prag, Chicago – das waren die größten tschechischen Städte.

Karel Schwarzenberg, 2010–2013 Außenminister der Tschechischen Republik

Gibt es Österreicher ohne Migrationshintergrund? Aber sicher doch. In entlegenen Alpentälern, wir vermuten zum Beispiel in Innervillgraten oder vielleicht auch im Kaunertal. Dort mag es durchaus sein, dass keiner der dort Ansässigen auf »zugereiste« Vorfahren zurückblicken kann.
Ach so, Moment, halt! Nein!
Zumindest im Kaunertal gibt's ja diesen Professor mit russisch-holländischem Migrationshintergrund, der im Juli 2016 wirklicher Bundespräsident war. Bis der burgenländische Flugpionier und selbst ernannte »Bundespräsident der Herzen« diese Wahl anfechten ließ. Wegen Fehlverhaltens der Wahlhelfer auch und gerade seiner Partei.

Aber gut: In den autobahnfernen Gegenden des Waldviertels oder im Südburgenland wird es schon noch den einen oder anderen Weiler mit ausschließlich seit ewigen Zeiten unvermischter Urbevölkerung geben. Wobei die Südburgenländer ohne Migrationshintergrund allerdings häufig kroatisch als Muttersprache haben.

Abgesehen davon dürfte es aber doch etwas schwierig sein, knorrige Ur-Österreicher aufzutreiben, deren sämtliche Vorfahren seit der Babenbergerzeit hier und nur hier dem kargen Boden Kraut-, Rüben- und Dinkelernten abgerungen haben.

Denn jeder, der hierzulande ein bisserl Genealogie betreibt, findet zügig entweder eine ungarische Oma oder einen böhmischen Opa, eine slowenische Uroma oder einen galizischen Uropa. Gelegentlich entdeckt der eine oder die andere auch einen italienischen

Ahnen oder gar einen französischen Vorfahren – wie das zum Beispiel sowohl beim größten burgenländischen Waffenlobbyisten und Forstlandwirt als auch beim größten Volksrock'n'roller des Landes der Fall ist.

Man muss also weiß Gott kein Flüchtlingskind sein, um einen Migrationshintergrund zu haben. Ganz und gar nicht: Selbst das »Haus Österreich«, also unser altes Kaisergeschlecht Habsburg-Lothringen, hat gleich einen doppelten: Bekanntlich steht ja die alte »Habsburg« immer noch im Kanton Aargau in der Schweiz. Und das unabhängige Herzogtum Lothringen stand so unter dem Einfluss Frankreichs, dass Franz Stephan, ehe er zwecks Heirat nach Österreich emigrieren konnte, sein Lothringen gar gegen das Großherzogtum Toskana tauschen musste. Kein schlechter Tausch, kann man sagen, denn die Einnahmen aus der Toskana konnten sich für den neuen »Eigentümer« durchaus sehen lassen.

Darüber hinaus wäre Franz Stephan, ohne Maria Theresia zu heiraten, wohl kaum zum Kaiser Franz I. des Heiligen Römischen Reiches gewählt worden. Offensichtlich haben wir also in dem Lothringer ein gutes Beispiel für einen erfolgreichen Wirtschaftsflüchtling vor uns. Der sich seiner neuen Heimat auch insofern erkenntlich zeigte, als er die alte Habsburgdynastie rettete. Und zwar, indem er eine neue begründete: die von Habsburg-Lothringen.

Ethnische Mischungen können also durchaus von Vorteil sein. Und sie haben, wie erwähnt, hierzulande eine lange, nahezu flächendeckende Tradition. Warum also fühlt sich so mancher Österreicher, so manche Österreicherin von allem »Fremden«, allem »Ausländischen« oftmals bedroht?

Wir geben es zu: Wir wissen es nicht. Es war zwar oft so in unserer Vergangenheit, aber es war auch nicht immer so.

Komm, o Fremdling, und sei unser Gast!

Das folgende Fragment eines Heimatromans aus den 1950er-Jahren hat uns der Sohn des Verfassers rechtefrei unter Wahrung der Anonymität zur Verfügung gestellt. Der inzwischen verstorbene Autor wurde später ein bedeutender Hotelier des österreichischen Alpenraums.

Heut ist Karl Borromäustag, also der 4. November. Und wir schreiben das Jahr 1955.

»Wenn's an Karolus stürmt und schneit«, sagt der Bauernkalender, »dann halte deinen Pelz bereit.« Aber es stürmt heute nicht und es schneit heute auch nicht. Über den Kretzenkrachnerhof im schönen Innerwurzental ziehen nur ein paar zarte Nebelschwaden. Sie erglänzen im matten Licht der Herbstsonne, deren doch noch recht kräftige Strahlen von der Glatze des alten Kretzenkrachnerbauernwirten in allen Farben reflektiert werden.

»Fort sind sie, die Besatzer!«, sagt der Alte und nuckelt gemächlich an seinem Pfeifchen, »draußen sind sie aus unserem Land, die Falotten! Am 26. Oktober hat der letzte fremde Soldat unsere geliebte Heimat verlassen und endlich sind wir Österreicher vom Neusiedler- bis zum Bodensee und von der Thaya bis zu den Karawanken wieder Herr im eigenen Haus! Aber irgendwann, irgendwann werden sie alle wiederkommen!«

Dabei strahlt er über das ganze Gesicht, der Kretzenkrachnerbauernwirt, der liebe gute alte Bartl. »Alle werden sie wiederkommen, die Engländer, die Russen, die Franzosen und die Amis. Naja, die Russen vielleicht nicht, weil sie der Weltkommunismus ja wahrscheinlich für immer und ewig hinter dem Eisernen Vorhang festhalten wird.«

Während des letzten Halbsatzes bekreuzigt er sich, der brave Bartl. Darauf nimmt er einen kräftigen Zug aus seinem Pfeifchen und erträgt den darauffolgenden Hustenanfall mit stoischer Ruhe. Dann sagt er im Brustton unerschütterlicher Überzeugung: »Aber alle anderen werden wiederkommen. Und warum? Weil sie unsere herrlichen Berge lieben und unsere felsharten Speckknödel, unsere rauschenden Flüsse und unsere blitzsauberen Dirndln, unseren urig gepanschten Haustrunk und unsere ewigen Walzermelodien. Deswegen werden sie alle wiederkommen, mein lieber Bub, du!«

Bei diesen Worten streicht der alte Bartl seinem Sohn, dem gerade sechzehnjährigen Adi, über den Blondschopf.

»Und was werden wir dann machen, mit den Fremden, wenn sie in Friedenszeiten zu uns kommen? Als Saisongäste? Was werden wir mit ihnen dann machen, Adi? Na los, red schon, wenns d' gfragt bist!!«

»Wir werden sie mit größter Freundlichkeit begrüßen!«, erwidert der Sohn mit fester Stimme. »Wir werden um sie herum schnaderhüpfeln, ich werde einen Landler auf der Knöpferlharmonika spielen und meine Schwestern, die Annamirl, die Maresi und die Walli, werden in ihren herrlichen Dirndln Schweinsbraten mit Kraut und Knödeln servieren und dazu jodeln!«

»Sehr gut, das ist alte Schule, das ist meine Erziehung!«, erwidert der stolze Vater. »Und was, Adi, werden wir dann machen, nachdem wir die Touristen mit unserem volkseigenen Charme und unseren unsagbar hoch entwickelten künstlerischen Talenten eingelullt haben?«

»Wir werden ihnen das Weiße aus den Augerln nehmen!«, erwidert der Spross ohne zu zögern.

»Großartig! Hervorragend!« Tränen der Rührung treten nun in Bartls Augen. »Ich danke dem lieben Herrgott, dass er mir einen so gescheiten Buben geschenkt hat! Einen Buben, der ganz nach seinem wunderbaren Vater gekommen ist und gottlob gar nicht nach seiner Mutter, die zu deppert zum Melken ist, aber den Traktorführerschein machen will!«

Ohne auf das kurze Lamento des Vaters einzugehen, setzt Adi seine Erörterungen fort: »Jeder Heidensterz wird dann in den österreichischen Fremdenverkehrsregionen so viel kosten wie anderswo eine Seezunge, jede Plumpsklo-Benutzung wird gebührenpflichtig sein und für jedes einzelne Stück Hörndlvieh werden wir eine Kuhtaxe einheben. Die werden wir in späterer Zeit dann in Kurtaxe umbenennen, sobald wir alle Orte, in denen zumindest ein prächtiger Misthaufen steht, zu Luftkurorten erklärt haben.«

»Das ist mein geliebter Sohn, an dem ich mein Wohlgefallen habe!« Bartls Begeisterung erscheint nun schier grenzenlos.

Und auch sein Sohn redet sich weiter in Rage: »In ein paar Jahrzehnten wird dann unser armes kleines Österreich zu den allerreichsten Ländern auf dem ganzen Erdenrund zählen!«

(Ende der Originalschrift.)

Beide sollten im Wesentlichen recht behalten: Bartl, der Kretzenkrachnerbauernwirt, und Adi, sein Bub und späterer Erbe. Tatsächlich kamen immer mehr Fremde als Touristen ins Land und das arme Österreich wurde allmählich reich und reicher.

In einem Punkt aber irrte der alte Bartl: Vor den ehemaligen Siegermächten kamen als Urlauber zuerst einmal die Deutschen wieder nach Österreich. Damit hatte niemand gerechnet – schließlich hatten sie ja den Krieg verloren und die ganze Industrie des Reiches war zerstört. Aber durch den Wechsel von Marschallstab auf Marschallplan konnte alles flugs wieder in Gang gebracht werden. Und zwar schöner und moderner als je zuvor. Das bescherte den Deutschen ein Wirtschaftswunder und bald schon konnten sie wieder halb Europa bereisen. Diesmal aber eben nicht im Opel Blitz oder tarnfarbenen Kübelwagen, sondern im 180er-Mercedes, sofern man g'stopft war. Und wenn man weniger g'stopft war, im VW Käfer.

Die handwerklich geschickten und schauspielerisch begabten Österreicher hatten sich ein historisches Kostüm zurechtgeschneidert, das sie nicht als Mittäter, sondern als erstes Opfer des Nationalsozialismus ausweisen sollte. Auch der gute alte Bartl trug diese Verkleidung mit großer Freude. Und in seinem Wirtshaus pflegte er am »Stammtisch für Jäger, Fischer und andere Lügner« noch Jahrzehnte später gerne zu sagen:

»Zähneknirschend haben wir denen zwar zugejubelt, den bayrischen Preißen. Wie sie aber dann mit die Gulaschkanonen kommen sind, da sind wir sofort in die innere Emigration gegangen! Dieser Eintopfdreck, den sie uns da angeboten haben, der war nicht zum Fressen.«

Entgegen allen Erkenntnissen der internationalen Geschichtsforschung ließ er sich bis zu seinem Tod, der ihn im biblischen Alter von 89 Jahren ereilte, nicht davon abbringen, dass die reichsdeutschen Eintopfgerichte zu den größten Verbrechen der nationalsozialistischen Schreckensherrschaft zählten.

Nach dem Krieg aber nahm man in der ehemaligen Ostmark die Westmark als Zahlungsmittel gerne an – und in manchen Fremdenverkehrszentren Kärntens und Nordtirols suchten Wiener Touristen oft lange nach Gasthäusern, die ihre Preise in Schilling und nicht in D-Mark angaben.

Dann, in den 1970er-Jahren, als Adi den von Bartl übernommenen Bauern- und Gasthof in ein Hotel umgebaut hatte, reisten vor allem in der Wintersaison Urlaubsgäste aus aller Herren Länder an: Zuerst kamen neben den Deutschen die Holländer, dann die Italiener, schließlich Skandinavier, Engländer und gelegentlich auch Franzosen. Und als dann Anfang der 1990er-Jahre Bartls Enkerl Michael den Traditionsbetrieb übernahm, da spielte sein kleiner Sohn Kevin am Computer das Game »Super Mario« bereits mit Sergej, dem jüngsten Spross der Familie Schutkow, die ihren ersten Westurlaub in Österreich verbrachte.

Was war geschehen?

In einem Punkt hatte sich der gute alte Bartl geirrt: Dem Weltkommunismus war es doch nicht gelungen, die Russen in alle Ewigkeit hinter dem Eisernen Vorhang einzusperren. Aber dem alten Bartl hätten die Folgen seines Irrtums nicht leidgetan – im Gegenteil: Nun standen ganze Schwadronen neuer schifahrhungriger Touristen an Österreichs Ostgrenze.

Lauter Russen & Muslime

Doch ängstliche Menschen erfüllten die erfolgreichen Freiheitsbewegungen der Völker Osteuropas auch mit Sorge. Nach dem Zusammenbruch der Sowjetunion forderte Jörg Haider, in dem viele den bisher erfolgreichsten »Rechtspopulisten« der Zweiten Republik sehen, eine verstärkte Sicherung der heimischen Grenzen, wie das die liebe Angewohnheit von Rechtspopulisten nun eben einmal ist. Für den Fall, dass man dieser seiner Forderung nicht entspräche, prophezeite Jörg, der »euch« bekanntlich »nie belogen« hat, dass innerhalb kürzester Zeit acht Millionen Russen als Emigranten nach Österreich kommen würden.

Wären die Prognosen Haiders und seiner Gesinnungsepigonen Realität geworden, hätte die Alpenrepublik derzeit 24 Millionen Einwohner. Der grünsozialdemokratischdeutschnationalkatholischen autochthonen Bevölkerung stünden acht Millionen russischorthodoxe und weitere acht Millionen muslimische Zuwanderer gegenüber. Da aber das, was nicht ist, ja vielleicht doch noch werden kann, machen sich kreative Politiker kreative Gedanken darüber, wie man eine »Überfremdung« stoppen kann.

Da muss man neben einem Burkaverbot endlich auch über Kopftuch-, Turban- und Kebabessverbote offen und tabulos sprechen. Und, bitteschön: Auch der Kaffee ist ein Türkentrank! Wir sollten endlich ein Revival des Kathreiner-Malzkaffees ins Auge fassen. Der individuellen und der nationalen Gesundheit zuliebe.

Die Grenzen gehören endlich komplett dicht gemacht. Auch wenn das für ein Fremdenverkehrsland ja eigentlich saublöd ist, aber man muss Prioritäten setzen. Denn irgendwann muss Schluss sein. Oder?

Dazu ein Beispiel: Vor nicht allzu langer Zeit wurden wir Ohrenzeugen eines Radio-Features, in dem es um Zuwanderung im Allgemeinen und im Besonderen um jene im Wiener Gemeindebezirk Ottakring ging.

Dabei sagte eine Dame in das Mikrofon der Reporterin: »Sie fragta, wos mich mochta narrisch da auf die Brunnenmarkt? No, dos is jo deitlich für an jeder! Iberall sinda die Ausländer, die nix Ahnung hoben von die Rücksicht nehma auf Esterreicher. Wie bitte? ... Wollen Sie mir beleidigen? No, i bin Esterreicherin, schon seit Ewigkeit! Mindestens zwelf Johr! Aber jetzt mussta Schluss sei mit de ganze grauperte Zuwanderung! Zuwanderung is ganz blede Sache, darum i wähle de Strache. Hata scheene blaue Augen und Herz fia de Serbien. Aba i bin Esterreicherin! Und i hab was gegen die Tirkenweiber, die wos nie tragta die Burda-Moden, ober wos immer tragta die Burka-Moden, du verstehen? Hota die Schleier iber de Gesicht und immer sie dann fahrta mir persenlich in die Supermarkt hinein von de hinten mit de Kinderwagen in die Knöchel von de Fuß! Ricksichtslos! Darum ich sagta: Stopp! Stopp die Zuwanderungsstopp! Oder ich wanderta aus! Und dann olle wirda scheen schaun bled, wenn Esterreicher ziehta weg und die Mezzanin schreita von die Heilige Stefansdom!«

Klar. Irgendwann muss Schluss sein mit dem Blödsinn.

Aber das haben wir schon gesagt, oder?

Große Töchtersöhne & Söhnetöchter

Ein edles Beispiel macht die schweren Taten leicht.

Johann Wolfgang von Goethe, Dichter

Natürlich sind »große Söhne« und inzwischen natürlich längst auch »große Töchter« wichtig für eine Gemeinschaft, denn sie stärken das Selbstbewusstsein, individuell wie auch national.

Für uns Seelenforscher ist bei all dem natürlich zuerst einmal die Beantwortung der Frage interessant: Welche große Tochter, welcher große Sohn eignet sich für welche Person als Vorbild?

Begibt sich der Seelenanalytiker dann auf das glatte Parkett der Lebenshilfe, was wir jetzt eben einmal kurz tun wollen, so wird er für die Vorbildfindung einige grundsätzlich vernünftige Ratschläge geben können:

So ist es im Regelfall nicht schlau, wenn sich ein fußballerisch hochbegabter Mathematikversager, der für das Berechnen einer Quadratfläche nach einem Formelheft verlangt, ausgerechnet den großen Mathematiker Rudolf Taschner zum Vorbild nimmt, um ihm nachzustreben. Für einen kleinen Rechenkünstler wiederum, der es beim Dauergaberln auf maximal zweieinhalb Sekunden bringt, ist es nicht anzuempfehlen, in David Alabas Fußstapfen treten zu wollen. Und wer im Kirchenchor nur auf der Ersatzbank sitzt, wird nie und nimmer eine zweite Anna Netrebko werden. Alle sind also gut beraten, sich mit Bedacht auf die eigenen Fähigkeiten passende Vorbilder auszuwählen und diesen nachzueifern.

Unabhängig davon sollte man sich aber auch ethisch-moralische Leitfiguren suchen: Die beiden Friedensnobelpreisträger Bertha von Suttner und Alfred Hermann Fried fallen uns da ein. Vielleicht auch aktiv sozial engagierte Menschen wie Albert Schweitzer, Karlheinz Böhm oder gar Mutter Teresa, die ja im letzten Jahrhundert geradezu zu einem Synonym für selbstloses Handeln wurde.

Und bitteschön – in dieser Blitzauswahl ethischer Vorbilder hatten wir mit Suttner, Böhm und Fried gleich drei österreichische

Landsleute mit dabei – nur einige wenige aus einer Vielzahl unserer großen Töchter und Söhne.

Aber, Moment: Leben wir nicht gerade in einer Zeit, in der Slogans Furore machen wie: »Geiz ist geil!«, »Wut tut gut!« und »Hass ist klass!«?

Werden in einer solchen Atmosphäre ethisch agierende Menschen denn überhaupt noch als Vorbilder akzeptiert? Wir beschließen, das herauszufinden. Denn wir beide gehören ja nicht zu jenen Wissenschaftlern, die sich in den Elfenbeintürmen ihrer Gemeindebauwohnungen oder Fertighäuser verstecken, um dort völlig abgehoben der reinen Theorie zu frönen, nein, ganz im Gegenteil: Immer wieder treibt uns unbezähmbarer Forscherdrang hinaus in die weite Welt. Dorthin, wo das wahre Leben pulsiert: in Fußballstadien, Supermärkte, Freibäder, katholische Seniorennachmittage, auf Feuerwehrheurige, Akademikerbälle und andere bierzeltartige Veranstaltungen. Wir lauschen dann dem Volksgemurmel. Manchmal stellen wir auch gezielte Fragen. Dabei zeichnen wir die Antworten gerne klammheimlich auf, mit unseren unsichtbaren Digitalaufnahmegeräten.

Hier eine kleine Auswahl:

»Wos ich gspendet hob, das geht auf keine Kuhhaut! Aber i bin net die Mutter Teresa. Irgendwaunn muass Schluss sein!«

»Wenn ich ein Schwarzgeld hätte, würde ich es genauso machen wie unser Exminister, der … dings. Ich tät es auch in Liechtenstein anlegen!«

»Eigentlich sollt ich mir die ganzen Gangster als Vorbild nehmen. Weil heut bringt man es doch nur zu etwas, wenn man lügt und betrügt!«

»Aber das war doch immer so!«

Der Herr, der diesen letzten Satz gesagt hat, ist ein pensionierter Mittelschulprofessor, den wir Magister Max nennen wollen. An diesem schönen Altweibersommertag spazieren wir gemeinsam durch Wiener Neustadt. Am Hauptplatz bleibt Magister Max stehen und macht eine ausladende Handbewegung.

»Alle Herrlichkeiten dieser wunderbaren Stadt«, sagt er begeistert, denn er ist ein Lokalpatriot von nicht alltäglichem Ausmaß, »all das verdanken wir der kriminellen Energie eines Babenbergerherzogs!«

Einen Augenblick lang schauen wir ihn etwas perplex an. Doch dann fällt sie uns wieder ein – die Legende vom ersten »Kingnapping« der Geschichte!

Löwenherzens Lösegeld

Wir schreiben das Jahr 1191. Der österreichische Babenbergerherzog Leopold V. nimmt am Dritten Kreuzzug zur Wiedereroberung von Jerusalem teil. Während des Kampfes um die Stadt Akkon wütet er so unter den muselmanischen Kriegern, dass sein weißer Waffenrock am Ende des Tages über und über mit Blut befleckt ist. Nur unter dem Waffengürtel ist das Kampfkleid weiß geblieben. Als Leopold nun sein Spiegelbild betrachtet, sagt er so etwas wie:

»Dieses Rot-weiß-Rot ist ein tolles Logo! So werde ich in Hinkunft meine Flagge gestalten lassen, so wahr mir Gott helfe!«

Gott hilft, Kaiser Heinrich auch, denn er erkennt bald darauf die neue Fahne des Babenbergers offiziell an. Vorher aber gibt es noch eine Flaggenfehde. Denn nach der erfolgreichen Eroberung von Akkon hisst der Babenberger-Poldl, wie ihn die engsten Freunde nennen, seine Fahne auf einer der Zinnen der Stadt. Er will damit dem französischen und dem englischen König, die hier ebenfalls ihrer Christenpflicht beim Meucheln der Muslime nachkommen, klarmachen:

»Augen auf, Freunde! Ich bin auch noch da! Nach den obligatorischen Plünderungen will ich bitte gefälligst auch meinen Anteil an der Beute! Das ist nichts anderes als nur würdig und recht!«

Doch dieses an sich faire Angebot stößt bei Richard Lionheart auf taube Ohren. Er benimmt sich wie ein Hooligan und brüllt:

»That guy is just a fucking little duke from Lower Austria! And I am the mighty King of England!«

Dann läuft er selbst die Stufen des Söllers hoch, auf dem der Banner des Österreichers im Winde flattert, und schleudert die rot-weiß-rote Fahne im Heiligen Land in den Wüstensand. Jedem anderen europäischen Fürsten wäre jetzt vor Zorn der Kragen geplatzt – nicht aber unserem Babenberger-Poldl!

Mit der uns Österreichern seit Anbeginn der Zeiten eigenen Engelsgeduld hat er diese demütigende Szene mitverfolgt. Doch in seinem Inneren stieg die Betriebstemperatur.

»Du kommst schon noch in meine Gasse, Löwenherz, du Drecksau!«, soll er leise in sich hineingemurmelt haben. Und diese Worte werden sich kaum ein Jahr später als prophetisch erweisen.

Denn auf seiner Heimfahrt durch widrige Winde am nautischen Fortkommen gehindert, muss King Richard nunmehr den Landweg nach England nehmen. Verkleidet als Pilger, umgeben von nur wenigen, ebenfalls verkleideten dienstbaren Geistern, kehrt er in Erdberg bei Wien in einem gutbürgerlichen Landgasthof ein. Hier macht der König einen verhängnisvollen Fehler: Er bestellt kein landesübliches Gericht wie Rieslingbeuscherl mit Knödel oder gekochtes Schulterscherzl mit Semmelkren und auch nicht den von der Kellnerin vorgeschlagenen Tagesteller: »Guter Herr, heute hamma gebratene Stiereier mit Krautsalat. Kann ich nur sehr anempfehlen!«

»Bring me Fish and Chips!«

Der englische König sagt dies in arrogantem Ton. Doch die Arroganz ist es nicht, die den im Hintergrund lauschenden Wirt stutzig macht. Es ist a) die Sprache und b) die Bestellung!

Der Wirt ist selbst ein Veteran des Dritten Kreuzzugs und hat im Heiligen Land immer wieder mitbekommen, dass Angehörige des englischen Truppenkontingents mit verklärter Miene etwas von »Fish and Chips« brabbelten.

Dazu muss hier angemerkt werden, dass uns ehrlich gesagt nicht klar ist, was damals unter diesen »Chips« verstanden wurde. Heute sind das ja bekanntlich »Pommes Frites«, wie wir das auf gut Österreichisch sagen. Aber da die Erdäpfel erst im 16. Jahrhundert, angeblich durch den Edelpiraten Sir Walter Raleigh, nach England gekommen sind, muss es etwas anderes gewesen sein. Was es war, wissen wir nicht. Daher erzählen wir einfach weiter:

Der Wirt enttarnt schließlich Richard aufgrund eines prächtigen

Siegelrings als englischen König, zufällig anwesende Waffenknechte des Herzogs überwältigen ihn und Leopold lässt Richard in Dürnstein einsperren. Man darf die Tatsache, dass er in der Wachau, der wohl lieblichsten Landschaft des damaligen babenbergischen Herzogtums, festgesetzt wurde, als Vorausdeutung auf spätere Ansätze eines humanen Strafvollzugs verstehen. Als die armen Dürnsteiner bald darauf Lärmbelästigungen erdulden müssen, weil Richard zweistimmig englische Folksongs mit einem Barden namens Blondel in die azurnen Nächte brüllt, reicht es dem Babenberger-Poldl.

Er lässt Löwenherz nach Speyer überstellen und Kaiser Heinrich übergeben, der angeblich schon im Vorfeld dem Babenberger grünes Licht für dieses Kingnapping gegeben hat. Schließlich erpressen die Entführungskomplizen Poldl und Heini für die Freilassung des herzigen Löwen die Fabelsumme von 23,3 Tonnen Silber.

Mit seinem Anteil baut Leopold die Befestigungsanlagen seiner Wiener Residenz aus, gründet Friedberg und – Wiener Neustadt.

»Das Geld«, erklärt uns Magister Max grinsend, »war in England damals vermutlich nicht leicht aufzutreiben. Schließlich standen die Finanzbehörden in Nottingham ja unter einem enormen Druck. Nämlich durch die sozialen Transferzahlungen, die von dem Lokalpolitiker Mr. Robin Hood damals mit Pfeil und Bogen nachdrücklich eingefordert wurden!«

Am Ende sei aber alles irgendwie gut ausgegangen, sagt Magister Max und fügt hinzu: »In jeder Hinsicht! Denn obwohl der Heilige Vater über den Babenbergerherzog wegen Gefangennahme eines Kreuzzugteilnehmers den Kirchenbann verhängt hatte, bekam Leopold ein christliches Begräbnis. Und er erhielt den Beinamen »der Tugendreiche«!«

»Na serwas!«, sagen wir. »Aber in die Liste der großen Söhne unserer Nation ist dieser Freiheitsberauber und Lösegelderpresser natürlich in keinem Fall aufzunehmen!«

Der pensionierte Mittelschulprofessor lächelt süffisant, so, wie nur pensionierte österreichische Mittelschulprofessoren süffisant lächeln können, und meint: »Nun ja, das ist Ihnen natürlich unbenommen. Allerdings hat Kaiser Franz Joseph die Sache ganz anders gesehen!«

»Aha, da schau her!«, sagen wir und fragen: »Und wie hat er es gesehen, der Gemahl von der Sisi? Die wir übrigens durchaus zu den großen Töchtern zählen, obwohl sie ja aus Bayern stammt und es diese blöden Filme gibt!«

Jetzt wird uns Magister Max ein wenig unheimlich. Denn er zitiert aus dem Gedächtnis eine Jahreszahl – wir müssen Jahreszahlen immer googeln: »Am 28. Februar 1863 ließ Kaiser Franz Joseph Leopold V. in die Liste der ›berühmtesten, zur immerwährenden Nacheiferung würdigen Kriegsfürsten und Feldherren Österreichs‹ aufnehmen.«

»Das finden wir unschön!«, sagen wir. »Für uns ist der Mann ein Krimineller!«

»Nun ja!«, da ist wieder das süffisante Grinsen. Dann fährt Magister Max geheimnisvoll fort: »Franz Joseph war sicher klar, dass es in grauer Vorzeit auch in seiner dynastischen Linie eine nachhaltend wirkende kriminelle Handlung gegeben hat, die dem Hause Habsburg von großem Nutzen war!«

Und der seriöse pensionierte Mittelschulprofessor macht sich erbötig, uns auch diese Geschichte zu erzählen, deren Details wir ehrlich gesagt nicht mehr parat haben. Als Gegenleistung verlangt er ein anständiges Mittagessen im ersten Haus am Platze. Wahrscheinlich ist dieser professorale Mittagessen-Erpresser ein illegitimer Nachfahre des Babenberger-Poldl, denken wir beide klammheimlich und synchron. Laut aber sagen wir: »Aber liebend gern laden wir Sie ein, Herr Professor!«

Rudis Privilegien

Wir schreiben das Jahr 1358. Die Babenberger sind längst ausgestorben. In Österreich herrschen die Habsburger. Derzeit gerade Herzog Rudolf IV., dem die Nachwelt den schönen Beinamen »der Stifter« verleihen wird. Momentan ist der erst einundzwanzigjährige Monarch aber stinksauer und läuft tobend in seiner Burg hin und her.

»Da bringt mein Schwiegervater, dieser Hornochse, eine Goldene Bulle heraus und lässt mich völlig unberücksichtigt!«

Der Schwiegervater, respektive Hornochse, ist der römisch-deutsche Kaiser Karl IV. aus dem Geschlecht der Luxemburger. Die »Goldene Bulle« ist ein Dokument, in dem unter anderem die Kurfürsten bestimmt werden. Sie und ihre Nachfahren im Amt werden ab nun die Kaiser des »Heiligen Römischen Reiches Deutscher Nation« küren, also wählen. Die Habsburger sind nicht unter den Kurfürsten und eben das erzürnt Rudolf. Doch nachdem er eine gute Stunde in voller Rüstung treppauf und treppab gelaufen ist, durchzuckt ihn wie ein Blitz eine Idee, die er für brillant hält.

»Eine Bombensache!«, murmelt er vor sich hin und fügt hinzu: »Ich weiß nicht, wieso mir immer so wahnsinnig tolle Sachen einfallen. Vermutlich eine göttliche Eingebung!«

Und wer wäre besser geeignet als ein Mann der Kirche, wenn es darum geht, göttliche Eingebungen Realität werden zu lassen?

Nachdem er wieder zu Atem gekommen ist, lässt der Herzog Pater Ignatius zu sich rufen. Der junge Mönch macht immer wieder Schreibarbeiten für Rudolf. Er gehört zur kalligrafischen Einser-Garnitur seines Ordens und ist auch ein mehr als nur passabler Zeichner und Maler.

»Irgendwo bei uns im Keller unten«, meint nun sein Landesfürst zu ihm. »da muss doch noch dieses alte Schriftstück herumkugeln!«

»Welches Schriftstück geruht Ihr zu meinen, mein Herzog?«, fragt Ignatius ergeben.

»Na, dieses Dings – du weißt schon –, in dem unsere Vorgänger, die Babenberger, zu Herzögen gemacht wurden!«, brummt Rudolf mit wachsender Ungeduld.

»Ah, das Privilegium Minus!«

»Bingo!«, erwidert der Herzog. Und fragt sich, während der Kirchenmann in den Keller wieselt, wieso ihm dieses interessante neue Wort »Bingo« eingefallen ist. »Vermutlich wieder eine göttliche Eingebung!«

Als Ignatius mit dem Dokument zurückkommt, erklärt Rudolf

ihm seinen Plan: »Wir müssen aus diesem *Privilegium Minus* ein *Privilegium Maius* machen. Mit ein paar Zusatzdokumenten, die du nach meinen Anweisungen gestalten wirst!«

Ignatius wird blass.

»Ihr meint, ich soll eine Fälschung anfertigen?«

Jetzt ist Rudolf denn doch etwas indigniert.

»Welch Teufel hat dir das Gehirn vernebelt, Pfäfflein? Wenn du mir die Dokumente vorlegen wirst und ich, dein Herzog, erkenne sie als Originale an, dann können das niemals Fälschungen sein! Oder willst du mich der Lüge zeihen?!«

»Nein, nein, natürlich nicht!«

»Na eben. Also: Wir müssen belegen, dass das hier schon seit Langem nicht nur ein Herzogtum, sondern ein Erzherzogtum ist. Wir brauchen auch ein paar römische Originalschriften dafür. Am besten unterzeichnet von Julius Cäsar und Kaiser Nero, in denen diese Herrschaften schon dem alten Noricum Sonderprivilegien zuteilwerden lassen. Auch wenn uns dieser Hornochse nicht zu Kurfürsten gemacht hat, müssen wir ähnliche Privilegien besitzen wie diese Piefkes!«

Wieder einmal wundert sich Rudolf, wie ihm dieses neue Wort in den Sinn gekommen sein konnte, und wieder einmal hält er dies für eine Eingebung. Und er wertet dies als einen Beleg dafür, dass der Herrgott sein Tun billigt. Ein gutes dreiviertel Jahr später hält Rudolf das Privilegium Maius in Händen.

»Hervorragend, da schau her!«, gibt er sich gegenüber seinen Hofschranzen überrascht. »Pater Ignatius, danke, dass eure Suche so erfolgreich war. Holt mir den Cajetan, den Hutmacher. Er soll kommen und Maß nehmen! Er muss mir einen Erzherzoghut anfertigen.«

Die Erzherzogswürde wurde vorerst aber nicht anerkannt. Kaiser Karl IV. soll sich stundenlang vor Lachen ausgeschüttet haben, nachdem ihn der Gelehrte Francesco Petrarca auf die Plumpheit der Fälschung aufmerksam gemacht hatte.

Doch kommt Zeit, kommt kaiserliche Anerkennung: Fast hundert Jahre nach seiner Erstellung wird das Privilegium Maius von Kaiser

Friedrich III. nach geradezu pingeliger und peinlich genauer Prüfung anno 1453 als Original anerkannt.

Anmerkung: Friedrich III. stammte aus dem Hause Habsburg.

Kingnapper und Dokumentenfälscher als große Söhne? Nein. Die zwei Kerle kommen bei uns nicht auf die Liste!

Bei der Rückfahrt nach Wien nehmen wir zwei Autostopper mit, eine junge Dame und einen jungen Herrn. In unseren frühen Jahren sind wir ja durch halb Europa getrampt und so haben wir ein Herz für Anhalter. Wobei man sagen muss, dass diese Form der Fortbewegung inzwischen ohnehin kaum mehr praktiziert wird.

Nach dem lehrreichen Tag in Wiener Neustadt mit Magister Max sind wir gedanklich immer noch beim Thema. Und so fragen wir scheinbar beiläufig unsere zwei Mitreisenden, wen sie denn für große Österreicherinnen oder große Österreicher halten würden.

Die Antworten kommen wie aus der Pistole geschossen: »Den Felix Baumgartner und den Andi Gabalier!«, sagt sie. Begründung: »Weil die zwei ursupsi sind! Und sich was trauen!«

»Die Susanne Winter!«, sagt er. Begründung: »Weil sie gegen alle ist! Sogar gegen die Blauen! Und ich selber bin auch gegen alle!«

Wir verfallen in Schockstarre. Baumgartner, der für den Kracherl-König aus der Stratosphäre sprang und dann als Wirtschaftsflüchtling in die Schweiz emigrierte? Baumgartner, der eine »gemäßigte Diktatur« der Demokratie vorzieht? Und Andreas Gabalier, der selbst ernannte Volksrock'n'roller! Gegenüber der KRONE hat er sich geoutet: »Ich habe mit Schwulen oft eine Gaudi!« Ob er wohl deshalb beim Vortragen der Bundeshymne ausschließlich die »großen Söhne« besingt? Aber nein! Trotz aller Gaudi ist und bleibt der Anderl ein hundertprozentiger Hetero! Denn wie sagte er es so richtig bei der Verleihung des Amadeus-Awards? »Man hat es nicht leicht auf dieser Welt, wenn man als Manderl noch auf Weiberl steht!«

Und dann erst Frau Winter! Diese Hasspredigerin wider den Islam wurde wegen antisemitischer Äußerungen aus der FPÖ ausgeschlossen, weil sie sogar denen zu rechts ist.

Wir nehmen alles zurück. Gemessen an diesen dreien sind der Babenberger-Poldl und der Habsburg-Stifter-Rudi wirklich große Österreicher!

Scheiberlspiel, Schranz-Hocke & die österreichische Nation

„Die schwierigste Turnübung ist immer noch, sich selbst auf den Arm zu nehmen."

Werner Finck, Kabarettist, Schauspieler und Schriftsteller

Grundsätzlich kann man sagen: Wir Österreicher sind eine Sportnation. Nicht so sehr deshalb, weil wir unseren Nationalfeiertag, den 26. Oktober, bereits seit Jahrzehnten wandernd, joggend oder auch Nordic walkend begehen. Und auch nicht deshalb, weil wir es dabei immer wieder schaffen, schädlichen Gewichtsverlust durch gezieltes Zuführen von traditionell-heimischer Sportnahrung in Form von Speck-Brettljausen, Bockbier und/oder Weißem Gespritzten in überschaubaren Grenzen zu halten. Wir können uns vielmehr deshalb mit Fug und Recht eine »Sportnation« nennen, weil es gerade die sportlichen Erfolge waren, die uns Österreicher zumindest in den ersten vier Jahrzehnten der Zweiten Republik beim »Nationbuilding« sehr unterstützt haben.

»Nationbuilding? Also Aufbau einer neuen Nation? Wieso denn?«
»Wir waren doch eh schon seit immer und ewig Österreicher, oder nicht?!«

Wir sehen förmlich diese Fragen unserer jungen Leserschaft wie einen Tsunami der Wissbegierde auf uns zukommen. Wenngleich wir Seelenanalytiker sind und keine Historiker, werden wir versuchen, sie zu beantworten:

In der Ersten Republik fühlte sich der Großteil der Österreicherinnen und Österreicher der deutschen Nation zugehörig. Lange vor der Machtergreifung Hitlers wollte man mehrheitlich den Anschluss an das Deutsche Reich. Dies wurde aber von den Siegermächten des Ersten Weltkriegs unterbunden. Nach dem Zweiten Weltkrieg war die Lage dann ganz anders: Im wiedererstandenen Österreich gab es nur mehr wenige Ewiggestrige, die neuerlich »heim ins Reich« wollten. Und es wurden tagtäglich immer weniger. Aber sich selbst als Mitglied einer eigenen österreichischen Nation zu verstehen, das ging für viele auch nicht von heute auf morgen. Für manche dauerte dieser Integrationsprozess in die österreichische Nation sehr lange. Und wer das derzeit gültige Parteiprogramm der FPÖ liest, wird feststellen, dass wir alle noch viel liebevolle Integrationsarbeit leisten müssen, um auch deren Parteigänger als überzeugte Mitglieder unserer Nation begrüßen zu dürfen.

Aber zurück zu den Anfängen.

Den ersten großen Erfolg zur Steigerung des nationalen Selbstbewusstseins lieferte ohne Zweifel unser Fußballnationalteam: Bei der Weltmeisterschaft 1954 in der Schweiz gewannen Happel, Hanappi, Ocwirk und Co. das »kleine Finale« um den dritten Platz gegen den amtierenden Weltmeister Uruguay mit 3:1. Sie schafften damit die bis heute beste Platzierung einer österreichischen Nationalmannschaft bei einer Fußball-WM. Zwanzig Jahre vorher, im Bürgerkriegsjahr 1934, hatte man das Nationalteam noch mit Schmährufen wie »Plunderteam« und gellenden Pfiffen am Wiener Südbahnhof empfangen – obwohl man immerhin Vierter bei der WM in Rom geworden war. Der Spottname »Plunderteam« bezog sich auf das »Wunderteam«, das in den drei Jahren davor zwölf Siege in Serie feiern konnte. Grundlage dieser Siege war das sogenannte »Scheiberlspiel«. Dabei setzte man weniger auf hohe Bälle als auf Dribbelkünste und Flachpassspiel. Das »Scheiberlspiel« war also so etwas wie ein Vorläufer des »Tiki-Taka« des FC Barcelona.

Doch 1934 spielten einige der »Wunderteamspieler« bereits im Ausland, die meisten bei Vereinen in Frankreich. Wegen der langen und zu teuren Anreisen standen sie dem Nationalteam nicht mehr zur Verfügung. Zur WM nach Rom fuhr also nur mehr ein »Rumpf-Wunderteam«. Trotzdem hatten sich die zu Hause dann Ausgepfiffenen dort mehr als nur wacker geschlagen: Das Halbfinale gegen Italien verlor man mit 1:0 – wobei Mussolinis »Squadra Azzurra« kräftige Hilfe vom nicht ganz unparteiischen schwedischen Schiedsrichter erhalten haben soll:

Als der österreichische Tormann Platzer einen Ball gefangen hatte, wurde er von den italienischen Spielern Meazza und Schiavio zu Fall gebracht und über die Torlinie gestoßen. Trotzdem erkannte der Schiedsrichter das Tor an. Und sicherte später auch noch den knappen italienischen Sieg ab, indem er sein fußballerisches Talent unter Beweis stellte und einen gefährlichen Flankenball der Österreicher höchstpersönlich wegköpfelte. Für Sindelar, Sesta, Viertl und Co. muss es recht deprimierend gewesen sein, nach dieser Sauerei auch noch zu Hause von den eigenen »Anhängern« ausgepfiffen zu werden.

Aber nun, 1954, war alles anders: Die Spieler wurden von den begeisterten Fans am Westbahnhof empfangen, die ihre Kicker-Idole auf den Schultern im Triumphzug aus dem Bahnhofsgebäude trugen.

Trotzdem gab es einen Wermutstropfen im süßen Cocktail der Gefühle: Das Halbfinale, in das die Österreicher als klare Favoriten gegangen waren, verlor man mit 6 : 1 – ausgerechnet gegen Deutschland. Die schafften dann das »Wunder von Bern« und wurden nach dem Finalsieg über Ungarn Weltmeister. Wir Österreicher mussten dann vierundzwanzig Jahre auf die Revanche warten – aber sie kam und wir werden später davon berichten.

Zunächst trat der Fußball als nationaler Selbstbewusstseinslieferant und damit auch Seelentröster deutlich hinter den Schilauf zurück – genauer gesagt: hinter den alpinen Schilauf.

1956 gewann der Tiroler Anton Sailer, genannt Toni, bei den Winterspielen im italienischen Cortina d'Ampezzo alles, was ein Schiläufer damals innerhalb einer Woche gewinnen konnte: Abfahrt, Slalom, Riesenslalom – insgesamt also sieben Goldmedaillen. Sieben? Ja. Drei Olympische- und vier Weltmeisterschaftsmedaillen, denn die Weltmeisterschaft wurde gemeinsam mit den Olympischen Spielen ausgetragen. Und die Kombinationsweltmeisterschaft gewann damals der Läufer mit den insgesamt besten Platzierungen in den drei Disziplinen.

Österreichs Westen hatte also die Führung in der Aufbauarbeit des österreichischen Selbstbewusstseins übernommen. Nicht mehr die »Scheiberlspieler« aus Wien und Umgebung waren die Sportstars der Nation, sondern die Parallelschwung-Könige und Wedel-Artisten aus den hochalpinen Regionen.

»Jawohl! Es waren ja auch mir Tiroler, die was vor mehr als hundert Jahren den alpinen Schilauf erfunden haben!« Stolz erklärt uns das der Hüttenwirt Elvis, den hier alle Hias nennen, bei einer Wanderung durch die Ötztaler Alpen. »Es war ein kreuzbraver Herrgottsschnitzer aus St. Jakob im Defereggental, der sich weltweit zum ersten Mal Schi aus Zirbenholz geschnitzt hat. Die erste alpine Hangabfahrt hat er bewältigt, wie er es von seiner bescheidenen Berghütte hinunter richtig hat tuschen lassen – damit er ja nicht zu spät kommt zur heiligen Chrischtmette!«

Zwei Monate später erzählt uns der Vorarlberger Auftragskiller von Computerviren Marcel eine völlig andere Story: »Der Schilauf wurde im Montafon entwickelt. In mühevoller Kleinarbeit von dem Lehrerehepaar Alwine und Roman Stöckle. Den beiden zu Ehren und in Gedenken an dieses große Erfinderpaar werden die Schistöcke bei uns in Vorarlberg deshalb bis heute Stöckle genannt.«

Gut. Also, wenn etwas noch unglaubwürdiger ist als die »urban legends«, also die Stadtlegenden, dann sind es wohl die »rural legends«, die ländlichen Legenden. Unsere fein entwickelte wissenschaftliche Skepsis lässt uns googeln und wenige Minuten später tönt unser Triumphgeheul hinaus aus der Enge unserer Schreibstube in die weite Welt.

Denn tatsächlich wurde alpine Schifahrtechnik, die sich von den jahrhundertealten norwegischen Vorbildern deutlich unterschied, in Österreich entwickelt. Ja. Aber wo in Österreich? Und jetzt, liebe Bergfexe und Schipädagoginnen aus Tirol, Vorarlberg, Kärnten und Salzburg, jetzt heißt es, die Kräutlein für den Beruhigungstee aufbrühen.

Denn in den 1890er-Jahren ließ Matthias Zdarsky die erste Schibindung patentieren, die für steile Bergabfahrten geeignet war. Weiters entwickelte er den Vorlagestemmschwung und gilt damit als Pionier der Schischwungtechnik. Und 1889 gründete er den ersten alpinen Schiverein. Und wo tat Zdarsky das alles? In Kitzbühel, Schruns-Tschagguns, Schladming oder in Flachau? Aber woher denn! In Lilienfeld! In Niederösterreich! Was auch durch sein 1897 erschienenes Standardwerk »Die Lilienfelder-Schilaufschule« belegt wird. Und der Berg, auf dem er 1905 den weltweit ersten Torlauf organisierte, liegt auch nicht im Bereich des Silvretta-Hauptkamms oder der Hohen Tauern: Es ist der Muckenkogel im niederösterreichischen Voralpenland.

Genug der ostösterreichischen Selbstbeweihräucherung. Bis in die 1970er-Jahre kamen so gut wie alle österreichischen Schilaufsiegerinnen und -sieger aus dem Westen: von Christl Haas und Traudl Hecher über Marianne Jahn bis zu Annemarie Pröll. Und von Toni Sailer und Hias Leitner über Egon Zimmermann bis zu Franz Klammer – um nur einige ganz wenige zu nennen. Erst in den späteren Jahrzehnten gab es dann auch Siegläuferinnen und -läufer aus dem Osten wie zum Beispiel Michaela Dorfmeister und Thomas Sykora.

Bei den Damen ist natürlich Annemarie Moser-Pröll, sechsfache Gesamtweltcupsiegerin, fünffache Weltmeisterin und Olympiasiegerin, der österreichische All-Time-Superstar. Um sie haben sich etliche Legenden gebildet: Als Kind ihrer Zeit soll sie den überwutzelten Patriarchen des heimischen Schiverbandes durch »Disziplinlosigkeiten« aufgefallen sein – so soll sie gelegentlich das strikte Rauchverbot für aktive Sportlerinnen missachtet haben. Und manchen männlichen Kollegen in tiefe Depression versetzt haben, wenn sie bei den Herren mittrainierte und den meisten auf und davon fuhr.

Sie ist auch Hauptfigur in einer der zahlreichen Legenden, die sich um österreichische Sportreporter ranken. So soll einer in der Hitze der Live-Reportage bei einem ihrer Siegläufe euphorisch ausgerufen haben: »Unsere Annemarie! Ein männlicher Killy!!«

Jean Claude Killy, französischer Zollbeamter und dreifacher Olympiasieger von Grenoble 1968. Mit ihm sind wir mitten drin im ersten Akt jenes Dramas, an dessen Höhepunkt sich unser Land in ein Amalgam aus Schihütte und riesigem Heurigen verwandelte. Und wir Österreicher wurden ein einig Volk von Schwestern und Brüdern, unabhängig von Bundesländerherkunft, Parteizugehörigkeit und sexueller Orientierung.

Hauptfigur des Dramas ist Karl Schranz, wahrscheinlich Österreichs populärster Schirennläufer aller Zeiten. Strahlender Sieger in zahllosen Rennen, dreifacher Weltmeister, zweifacher Gesamtweltcupgewinner und Erfinder der Schranz-Hocke, die ihm in den Zielschüssen der Abfahrtsläufe noch einmal zusätzliche Beschleunigung verlieh.

Aber auch: Tragischer Held bei zwei Olympischen Spielen.

Erster Akt. Grenoble, Frankreich 1968. Jean Claude Killy hat bereits Abfahrt und Riesentorlauf gewonnen. Nun will der Franzose im Slalom auch noch die Goldmedaille erringen. Sieg in allen drei olympischen Disziplinen, das ist bisher nur *unserem* Sailer Toni gelungen. Doch nach dem ersten Slalomdurchgang atmet man in ganz Österreich erleichtert auf: Nicht Killy liegt vorne, sondern *unser* Karli! Doch im zweiten Durchgang fällt urplötzlich knapp vor Schranzens Lauf dichter Nebel ein. Vor den Schwarz-weiß-Fernsehapparaten umklammern knorrige rot-weiß-rote Arbeiter-, Bauern-, Unternehmer- und Beamtenfäuste ihre Bierflaschen, als das Schreckliche passiert: Karl Schranz scheidet aus! Doch kurze Zeit später glimmt hinter dem Tränenschleier ein Licht der Hoffnung auf. Schranz wurde behindert! Von einem französischen Streckenposten! Die Jury entscheidet: Schranz darf den zweiten Lauf wiederholen. Aus den Gnadenorten Maria Taferl, Maria Dreieichen und Mariazell schallt vielstimmiges Flehen hoch zum Himmelstor und es wird erhört: Schranz schlägt Killy und erringt die Goldmedaille.

Oder doch nicht? Nein. Auch der Franzmann schläft nicht und legt Protest ein. Schranz habe bereits vor der Behinderung durch den Streckenposten einen Torfehler begangen. Insofern sei die Laufwiederholung ungültig, die dabei erzielte Bestzeit hinfällig. Mit 3:2 Stimmen disqualifiziert die Jury Schranz und macht damit Killy zum Slalom-Olympiasieger.

In den nächsten Tagen erinnert die Stimmung in Österreich ein wenig an jene des August 1914 – »Jedem Franzos ein Stoß!« –, doch sieht man diesmal von einer Mobilmachung ab, da man sich ja dreizehn Jahre vorher gottlob zu immerwährender Neutralität verpflichtet hat. Doch selbst die Wiener Hautevolee soll aus Solidarität mit unserem Karli wochenlang konsequent jeden Champagner verweigert und schweren Herzens stattdessen Mariandl-Marillenschaumwein getrunken haben.

Zweiter Akt. Sapporo, Japan, 1972. Knapp vor Beginn der Olympischen Spiele schloss der damalige Präsident des IOC, der amerikanische Bauunternehmer Avery Brundage, *unseren* Karli, der bereits vor Ort war, von der Teilnahme aus. Stein des Anstoßes war ein Foto von Schranz in einer Fußballdress, auf der die Aufschrift »Aroma-Kaffee« stand. Dies wertete Brundage als verbotene Werbung und stellte fest, Schranz habe damit den Amateurstatus verletzt. Und Amateur zu sein, war die Voraussetzung, um an den Spielen teilnehmen zu dürfen.

Als der ausgeschlossene Schranz am 8. Februar auf dem Flughafen Wien-Schwechat landete, erwarteten ihn bereits mehr als 7000 Fans. Unter ihnen war der damalige Sportminister Fred Sinowatz und angeblich auch die gesamte Führung der oppositionellen ÖVP. Menschenmassen säumten in Wien die Straßen, als Schranz im Dienstwagen des Ministers Richtung Ballhausplatz fuhr, wo er von Bundeskanzler Kreisky empfangen wurde. Vom Balkon des Bundeskanzleramtes aus winkte er den jubelnden Massen zu. Insgesamt sollen zwischen 80 000 und 90 000 Menschen auf den Beinen gewesen sein, um der Rückkehr des tragischen Helden beizuwohnen.

»Nebeneffekte« der nationalen Euphorie waren ein reichlich peinliches Lied von André Heller & Georg Danzer unter dem lyrischen Titel »Der Karli soll leb'n« und ein zeitweiliger Boykott der Produkte des Hauses Mautner-Markhof. Denn Manfred Mautner-Markhof war damals Delegierter im IOC und galt der aufgewühlten österreichischen Seele als Büttel von Avery Brundage.

Resümee: Wäre Schranz nicht disqualifiziert worden und hätte eine olympische Goldmedaille geholt, wären Auflauf und Aufregung mit Sicherheit deutlich kleiner gewesen.

Was schließen wir daraus? Edles Scheitern oder als ungerecht empfundenes Ausgeschlossensein scheint das österreichische Gemüt mehr zu berühren als der größte Triumph.

Und damit kommen wir doch wieder zurück zu unseren Fußballern.

1978. Cordoba, Argentinien. Österreichs Nationalteam, das erstmals seit zwanzig Jahren wieder an einer WM teilnimmt, hat gut gespielt, besser als erwartet: Man hat Spanien und Schweden geschlagen, hat die eigene Gruppe vor Brasilien gewonnen und ist unter die letzten acht gekommen. Dann kamen Niederlagen gegen Italien und die Niederlande. Nun steht nur noch *ein* Spiel auf dem Programm. Das gegen die Bundesrepublik Deutschland. Die deutsche Mannschaft hat noch Chancen, mit einem Sieg ins Finale zu kommen. Ein Unentschieden reicht bereits für einen Einzug ins Kleine Finale – also für das Spiel um den dritten Platz. Die Österreicher sind in jedem Fall draußen – so oder so. Die internationalen Kommentatoren rechnen mit einem klaren Sieg Deutschlands, und zwar aus zwei Gründen: Zum einen konnten die Österreicher seit siebenundvierzig Jahren (!) nicht mehr gegen die Deutschen gewinnen. Und: Für die einen geht es noch um was, für die andern geht's um nichts! Wer wird also höher motiviert in dieses Spiel gehen?

Das Ende ist Geschichte. Auch österreichische Sportreportergeschichte:

»Tor! Tor! Tor! Tor! Tor! Tor! I werd narrisch! Krankl schießt ein! 3:2 für Österreich! Meine Damen und Herrn! Wir falln uns um den Hals! Der Kollege Ripel, der Diplomingenieur Bosch, wir busseln uns ab, 3:2 für Österreich durch ein großartiges Tor *unseres* Krankl! Er hot ois überspült, meine Damen und Herren! Warten S' no a bisserl, warten S' no a bisserl, dann kömma uns vielleicht a Vierterl genehmigen! Also, das musst' miterlebt ham! Jetzt hammas g'schlogen! Noch woll ma nix verschrein! (...) Und jetzt is aus! Ende! Schluss! Vorbei! Deutschland geschlagen!«

Dem ist kaum etwas hinzuzufügen. Alle Standesgrenzen fallen – Kommentator *Ingenieur* Edi Finger busselt einen *einfachen* Herrn Ripel genauso ab wie einen *DIPLOMingenieur* Bosch. Hans Krankl hat mit seinem Doppelpack – wie das die Deutschen nennen würden – spät, aber doch die Schande von Königgrätz getilgt.

Das Nationbuilding ist erfolgreich abgeschlossen.

Wie gesagt: Uns Österreichern hat dieser Sieg bei der WM nichts gebracht. Aber die Deutschen mussten auch nach Hause fahren. Das hat uns natürlich *sehr* leidgetan. Vor allem, dass durch unseren Sieg die Italiener ins kleine Finale gekommen sind. Aber eigentlich ist uns auch das wurscht. Denn wir sind ja ohnehin alle Europäer.

Gestrauchelte Seelen

Alle schlechten Eigenschaften entwickeln sich in der Familie.
Das fängt mit Mord an und geht über Betrug und Trunksucht bis zum Rauchen.

Alfred Hitchcock, Regisseur

Das Handeln echter Österreicher ist, wie die Geschichte beweist, vielfach von paranormalen Phänomenen bestimmt. Es liegt also nahe, dass verantwortungsbewusste Seelenforscher, die sich wie wir der Post- und gelegentlich sogar der Telegraphenmoderne zurechnen, nicht einfach nur streng wissenschaftliche Methoden anwenden können – nein, die Erforschung des Paranormalen verlangt auch immer wieder den kompromisslosen Einsatz voraufklärerischer, also alchimistischer Methoden. Und so scheuen wir selbst vor Hardcore-Esoterik nicht zurück: In kühnen Selbstversuchen nehmen wir zu Forschungszwecken gelegentlich Kontakt zu Parallelwelten auf, um mit den Geistern Verstorbener zu kommunizieren. Diese Séancen werden von einem Ehepaar geleitet. Die Ehefrau – wir wollen sie Agathe nennen – ist eine herausragende Kaffeesudleserin und ihr Mann, der Schurl, ist ein international anerkannter Tischerlrücker und Tarotkartenaufleger. Im Brotberuf sind beide in verschiedenen Meinungsforschungsinstituten tätig. Ein Großteil der Wahlprognosen der letzten Jahre geht auf das Konto dieser beiden Fachleute. Ergo könnte man sagen: Der Kaffeesud ist als Instrument der Prognostik auch nicht mehr das, was er einmal war.
Doch in unserem Fall wurden einige spektakuläre Ergebnisse erzielt, die wir in wissenschaftlichen Protokollen akribisch dokumentiert haben. Drei von uns aufgezeichnete Spezialfälle solcher »gestrauchelter Seelen« wollen wir hier präsentieren.

Protokoll der Séance vom 27.06.2011

Wir sitzen schon seit mehr als zwei Stunden um den Séance-Tisch, aber noch hat sich keine Seele gemeldet. Kurz glaubte Agathe zwar, einen spirituellen Kontakt mit dem Höllenhund Cerberus hergestellt zu haben, doch bei dem Horror einflößenden Gebell hat es sich nur um das von Fips gehandelt, dem betagten Mops der Nachbarin, der an einer schweren Erkältung leidet.

Aber halt, Moment, ja – jetzt ist ein Brausen zu hören – der Tisch bewegt sich wie von Geisterhand – und mit zitternder Stimme fragt Schurl: »Sprich zu uns, o Geist, und sag uns, Sünder, wie du heißt!«

»Als Club-45-Gründer bin ich weiß Gott kein armer Sünder!«

Die Stimme der jenseitigen Erscheinung klingt klar und doch ließe sie uns das Blut in den Adern gefrieren, hätte nicht jeder von uns den Kreislauf bereits prophylaktisch mit Büffelgraswodka stabilisiert. Denn nun nimmt das Grauen seinen Lauf: Während er spricht, materialisiert sich vor uns Udo Proksch. Er ist in ein Konditorgewand gehüllt, das die deutlich lesbare Aufschrift trägt: »Ich bin der Demel und ihr seids olle lauter Trotteln!«

Er fuchtelt mit einem Revolver herum und beginnt zu singen, während er abwechselnd auf Agathe, Schurl und schließlich auf uns beide zielt: »Peng Peng, I shot you down, Peng Peng, you hit the ground, Peng Peng, Peng Peng!«

Geistesgegenwärtig und mutig, wie es uns beiden als österreichischen Forschern entspricht, umfassen wir unsere Gastgeber, reißen sie von den Sitzen und verwenden sie als Schutzschilde.

Doch Udo Proksch lacht nur und versorgt seinen Trommelrevolver in einem Schulterhalfter, das er unter seinem Konditorkostüm trägt.

»Nein, nein, keine Angst, ich tu Ihnen eh nix!«

Nach diesen beruhigenden Worten nehmen wir vier wieder am Séance-Tisch Platz, so, als wäre nichts geschehen. Udo Proksch umkreist uns dabei fliegend, wie es nun einmal Geisterart ist. Wobei man schon sagen muss, dass ein Konditorkostüm, und sei es auch das des Demel-Chefs, eine fliegende Geisterscheinung nicht gerade adelt.

»I bin im Grunde meines Herzens a friedfertiger Mensch!«, meint Proksch und setzt fort: »Darum hat sich der Kreisky auch überhaupt net angschissen vor mir, wie ich eineg'rennt bin, seinerzeit, mit dem Revolver in der Hand, ins Bundeskanzleramt, gemeinsam mit dem Heller Franzi. ›Kontrolle!, Kontrolle!‹, hab ich geschrien damals, wie ich drinnen war im Büro vom Bruno. Neben ihm ist irgendein Minister gsessen, ein finnischer Schwede aus Norwegen wars, das weiß ich noch ganz genau. Der is blass worden, wie er meine Krachn g'sehn hat. ›No, don't panic!‹, hat der Kreisky g'sagt zu ihm, ›There is no danger. This is only Mister Udo Proksch!‹

›Alles in Ordnung!‹, hab i draufhin gsagt, ›everything in the order, baba und foits net, goodbye and don't fall!‹

Und schon war i wieder draußen mit dem Heller Franzi, dem Orschloch. Einen Massenmörder hat er mich Jahrzehnte später genannt, der Zuckerl-Erbe, der grauperte. Dabei war ich seinerzeit als Demel-Chef ja auch ein Zuckerbäcker. ›Massenmörder!‹ Sagt man sowas Garstiges über einen Zuckerl-Kollegen? Hat es dem Heller Franzi, diesem Beidl, nicht gereicht, dass er mir die oide Pluhar ausg'spannt hat, seinerzeit, wie sie noch jung war?

Naja. Über mich ist halt viel Unsinn geredet worden. Bestialische Verleumdungen von Neidern. Das mit der Lucona war zuerst einmal ein Kollateralschaden, dann ein Justizirrtum!«

Jetzt geht er auf Agathe zu und zeigt ihr seine Hände.

»Bitte, Gnädigste: Ich sehe es Ihnen an, Sie sind eine Fachfrau, gelln S'? Eine Fachfrau der Menschenkenntnis, nau hab i net recht? Natürlich hab i recht! Schaun Sie bitte meine Hände an! Diese Handerln haben seinerzeit die süßesten Punschkrapferln geformt, die schokoladigsten Pariserspitzerl zugespitzt und die schaumigsten Schaumröllchen gerollt! Sehen so die Hände eines Mörders aus?«

Agathe schweigt.

Das Gespenst wird ungeduldig: »Na, was is? Sagen S' was, Sie Trampel!!«

»Nein, so sehen nicht die Hände eines Mörders aus!«

Agathe flüstert das mit zitternder Stimme und der Proksch-Geist quittiert ihre Aussage mit einem euphorischen Zwickerbussi. Nachdem Agathe einen spitzen Schrei ausgestoßen hat, wendet sich die Proksch-Erscheinung wieder uns allen zu.

»Alles Verleumdungen, böswillige Unterstellungen, Rufmorde! I war ja nicht irgendein Konditor, mir hat der Demel gehört. *Was für den Putin ist der Kremel, war für den Proksch damals der Demel.* Sie merken es schon, ich hab a poetische Ader! Glauben Sie, dass ein Poet ein Massenmörder sein kann? Außerm Jack Unterweger? Nein. Na eben. Ich hab dann ja auch den Club 45 gegründet. Eine karitative Organisation für unschuldig mit Kot beworfene Rote. Ich mein, die bürgerliche Presse hat damals eine Verleumdungskampagne nach der anderen gestartet, gegen den Charly, gegen den Poldl und so weiter, net? Im Club 45 hab ich sie dann wieder aufgerichtet, meine Burschen. Bei einem gepflegten Bierchen, zum Beispiel. I kann mi noch erinnern, wie ich zum Gratz Poldi einmal g'sagt hab: ›Poldi, i bin kein Sierbeidl, drum spendier ich dir ein Bierseidl.‹ Er hat sehr gelacht. Dann hat er gemeint, er hätt lieber an Whisky.

Bitte, Hand aufs Herz, meine Dame und meine Herren: Kann ein Mensch, der ein so ein karitatives Unternehmen gründet, ein Massenmörder sein? Na eben! Bitte, ich merk schon, mir wogt eine Welle der Sympathie und des Verständnisses entgegen. Wären Sie meine Geschworenen gewesen, ich wäre nicht exakt auf den Tag genau vor zehn Jahren in meinem Häfen gestorben. Wahrscheinlich tät i sogar no leben. Aber bitte, ich klage nicht, wer weiß, wofür's gut war. Mir tut kein Bein mehr weh, die Schwefelbäder sind was Herrliches.

So, und jetzt gebe ich Ihnen allen noch einen kleinen Tipp: Passen Sie bitte auf, dass bei Ihnerer nächsten Kreuzfahrt im Laderaum keine Uranerz-Aufbereitungsanlage mitgeführt wird. Dieses Klumpert fliegt so schnell in die Luft, so schnell können Sie gar nicht schaun! Gooodbye and don't fall!«

Kaum, dass es diese Worte gesprochen hat, ist das Gespenst auch schon wieder verschwunden.

Böse wenden sich nun Agathe und Schurl uns zu.

»Ihr Verbrecher! Ihr hättet uns glatt ermorden lassen! Nie wieder machen wir mit euch eine Séance!«

Wir können beruhigend auf das Eso-Paar einwirken. »Entwarnung, Freunde!«, sagen wir. »Ein Geist kann niemanden mehr töten. Wer dies aber nicht glaubt, der freilich landet sehr schnell hinter den doppelt und dreifach verschlossenen Türen einer von uns empfohlenen psychiatrischen Klinik!«

Das bringt Agathe und Schurl rasch zur Vernunft. Beide wollen lieber auf freiem Fuß bleiben. Jederzeit, sichern sie uns nun eilfertig zu, jederzeit werden sie mit uns wieder Tischerl rücken, wann immer uns danach ist. Jederzeit!

Und wieder einmal haben wir Seelenheiler unter Beweis gestellt, dass man mit Güte und psychologischem Einfühlungsvermögen viel mehr erreichen kann als mit roher Gewalt.

Geschätzte hochgebildete empathische Leserin, lieber redlich bemühter Leser: Bitte gönnen Sie sich eine Tasse Baldriantee, ehe Sie mit der Lektüre fortfahren. Ihr Verdauungs- und vor allem ihr Nervensystem werden es Ihnen danken.

Protokoll der Séance vom 29. 06. 2014

Wir haben Platz genommen, Schurl hat seine Tarotkarten aufgeschlagen und sagt nun: »Heut ist gar nix los. Der Tod und der Narr konjugieren gemeinsam die Deklination mit dem Einsiedler und der spanischen Päpstin ... Was heißt das im Tarot? Na?! Genau! Es heißt: Tote Hose, nix los heut, gemma wieder heim!« Agathe hebt ihre Nase aus dem Kaffeesud und meint: »Ich habe den Worten meines über alles geliebten Ehegesponses nichts hinzuzufügen! Der Schurl hat recht: Heut spielt sich nix mehr ab!« Kaum, dass sie diese Worte gesprochen, hebt ein ohrenbetäubendes Getöse an. Jetzt geht alles rasend schnell: Der Tisch beginnt sich zu drehen, ein Stroboskop-artiger Lichteffekt durchflackert einer Blitzkaskade gleich den Raum, als sich schlagartig der Fußboden auftut: In Sekundenbruchteilen materialisiert sich eine männliche Gestalt, gehüllt in einen weißen Leinenanzug über einem mintgrünen Seidenhemd; dazu trägt das Gespenst als Accessoire eine potthässliche bordeauxrote Schalkrawatte, die nur unzulänglich die deutlichen Strangulierungsspuren am Hals verdecken kann.

Wir werfen einander einen wissenden Blick zu: Diese widerwärtige Kombi-Ausgeburt der Hölle und kranker Modeschöpferfantasien aus den späten 1980er-Jahren kann nur Jack Unterweger sein! Der Prostituiertenserienmörder und Sprachgaukler! Und wie zur

Bestätigung beginnt »Jack the Writer«, wie ihn die Amis immer noch nennen, anlässlich seines zwanzigsten Todestages in der widerlichsten Form zu poetisieren:

»Gschisti gschasti gummilasti
war ein echtes Häfengfrasti!
Mit verführerischen Reimen
versuchte ich mich einzuschleimen
nicht bei proletarisch Dicken
sondern solidarisch Schicken.
Bald schon riefen all die Braven:
Tut den Jack nicht länger strafen.
Resozialisiert den Dichter!
Und ein kunstsinniger Richter
öffnete die Häfentüre,
dass ich die Luft der Freiheit spüre.
Ganz famos ging es jetzt los:
Gschisti gschasti gummilasti
bin ein echtes Häfengfrasti!
Deshalb wolln mich alle sehn
und ich darf auf Partys gehn
von den Schicken, von den Schönen
die dem Schöngeistigen frönen
und die ganz begeistert stöhnen
tu ich mir die Füße föhnen.
Doch bald merk ich mit Entsetzen:
All das Pudern, all das Wetzen
von den gestopften hirnverbrannten
angerannten High-Class-Tanten
ist für mich nicht wirklich geil.
Geiler ist's mit einem Seil
arme Nutten zu erwürgen.
Dafür kann ich mich verbürgen.«

Das Gespenst verbeugt sich nach diesem elenden Versvortrag, worauf Agathe die Geduld reißt. »Gott sei Dank!«, ruft sie aus, sie, die nicht müde wird, sich stets eine Agnostikerin zu nennen, »Gott sei Dank hast du dich am Ende selbst gerichtet, du Scheusal! Und jetzt bist du tot! Und zwar für immer und ewig!«

Schurl nickt zustimmend, während Jack the Writer ein derart beelzebübisches Lachen ausstößt, dass selbst uns zwei hartgesottenen Austrologen für einige Augenblicke der eiskalte Angstschweiß von der Stirn tropft. Dann erstirbt das gurgelnde Gelächter des Gespenstes und es setzt seinen verbrecherischen Versvortrag fort:

»Ja, ihr tut mich furchtbar hassen.
Und es würde euch schon passen,
hätt für immer ich verlassen
euch. Ihr Faden, Bladen, Blassen!
Doch ich geh noch lang nicht weg:
Dank des Films mit Titel *Jack,*
den die Sissi Scharang drehte,
worin Geheimnis mich umwehte:
Mörder! Liebhaber! Poet!
war ich, weil es ja so steht
im Untertitel dieses Werkes!
Das schafft Achtung, ja, ich merk es!
Und die Moral von der Geschicht:
Ein Massenmörder bin ich nicht!
Eher Liebhaber und Dichter!
Und Schöngeister voll Poesie
die leben ewig, sterben nie!
Gschisti gschasti gummilasti
war ein echtes Häfengfrasti!«

Unter luziferischem Gelächter und dem Hinterlassen einer Schwefelwolke löst sich die Geisterscheinung in nichts auf. Der Tisch beendet seine Drehung und bleibt abrupt stehen. Die Stroboskopblitze ersterben und der Fußboden schließt sich wieder. Agathe lässt für einige Augenblicke ihre Agnostik fahren und sendet ein Stoßgebet der Erleichterung gen Himmel. Dann murmelt sie mehr zu sich selbst als zu uns anderen:

»Furchtbar! Wenn ich denke, dass ich vor fünfundzwanzig Jahren mit diesem Arschloch ...« Sie unterbricht sich und sieht ratlos um sich.

»Was hast du vor fünfundzwanzig Jahren mit diesem Arschloch ...???« Schurl legt schlagartig seine Schreckstarre ab und springt vom Sessel auf.

Begütigend legen wir dem Tarotexperten und Meinungsforscher die Hände auf die Schulter, drücken ihn sanft in seine Sitzgelegenheit und schenken ihm ein Vierterl mit Büffelgraswodka ein. Schurl stürzt dieses Erzeugnis uralter polnischer Brennereikunst hinunter und versinkt auf der Stelle in eine beglückende Ohnmacht.

So endet dank unseres psychologischen Einfühlungsvermögens auch diese höchst turbulente Séance in heiterer Melancholie und ohne weitere Geodynamik. Doch werden künftige Kontakte mit Schein- und Untoten ähnlich glimpflich verlaufen? Noch wissen wir es nicht. Sie aber bald. Wenn Sie weiterlesen.

Protokoll der Séance vom 16. 11. 2015

»Wir haben noch keine einzige gestrauchelte weibliche Seele bei unseren Séancen gehabt!« Wir formulieren dies mit durchaus vorwurfsvollem Unterton. Und während Schurl daraufhin betreten schweigt, schleudert uns Agathe mit triumphschwangerer Stimme entgegen: »Selbstverständlich nicht! Rein statistisch gesehen gibt es in der Weltgeschichte von der Jungsteinzeit bis heute höchstens eine Handvoll weiblicher Verbrecher, aber Myriaden an männlichen Untätern!«

Es folgt ein ohrenbetäubender Donnerschlag auf diese wackere feministische Äußerung. Gerade so, als habe der germanische Gott Thor von einer benachbarten Burschenschafter-Veranstaltung aus seinen Hammer direkt in Agathes und Schurls Mystik-Wohnzimmer geschleudert.

»Herrgottnocheimal!«, ruft Schurl, der so erschreckt wurde, dass ihm das ganze Paket Tarotkarten aus der Hand fiel und alle Karten nun verstreut auf dem Boden liegen.

Doch wir kommen nicht zur Ruhe: Es sind nur wenige Sekunden nach dem Donnerschlag und schon fährt eine Geistererscheinung aus dem offenen Kamin – benutzt also jenen Weg, der sonst eigentlich Santa Claus vorbehalten ist. Doch die Erscheinung ist nicht Santa Claus. Wer aber ist die Dame aus dem Paralleluniversum, die sich soeben ein Stück Marmorgugelhupf stibitzt und dasselbe auf einen Sitz hinunterschlingt?

Das Raten ist zu Ende, denn sie hebt zu sprechen an:
»Du hast ein Haus und fühlst dich krank?
Und auch ein Konto auf der Bank?
Du bist so einsam hier auf Erden?
Mein Gott, dir kann geholfen werden!

Du bist alt, du bist gebrechlich
Ich bin kalt und auch bestechlich:
Bei Geld verlier ich die Moral
Man lebt bekanntlich nur einmal.

Schau: Du bist von den Schlauen keiner
Und es lebt sich mit Frauen feiner.
Darum schenk mir Vertrauen, Kleiner.
Wer sagt das? Die Frau Blauensteiner!«

Während die Geisterscheinung das nächste Stück Gugelhupf mit sichtlichem Appetit verdrückt, geht unter uns vieren ein heftiges Flüstern los. »Wer ist diese Blauensteiner? Ach ja, die Frau die etliche Pensionisten umgebracht hat, um sie dann zu beerben. Das war in den 1990ern, etwa zu derselben Zeit, als die Lainzer Schwestern etliche Altersheiminsassen per Mundspülung aus dem irdischen Jammertale entließen. Warum aber redet sie in Versen, die Blauensteiner? Ah, wahrscheinlich hat sie dort, wo sie jetzt ist, ein Dichterseminar bei dem charmanten Jack the Writer gebucht!«

Unser Quatrolog endet abrupt, da die Blauensteiner runtergeschluckt hat und ihr Poem fortsetzt:

»Du lauschst doch gern sakralen Chören?
Schon bald wirst du die Englein hören!
Schenke doch Vertrauen deiner
Frau. Ich bin die Blauensteiner.

Was ich heute mit dir plane
wird mit Hörbiger Christiane
einst verfilmt. Das find ich schön.
So wird mein Ruhm wohl nie vergeh'n.
Nie ging es andren Frauen feiner.
Grüß Gott. Ich bin die Blauensteiner.

Du bist alt, jetzt wird dir kalt
und dein Erdenaufenthalt
wird nun bald zu Ende sein.
Hörst du schon die Engelein?

Ich hab ein Haus jetzt, Gott sei Dank!
Und auch ein Konto auf der Bank.
Doch fehlt ein Auto. Sowas Blödes!
Der alte Herr dort im Mercedes
ist von den Grauen Panthern einer.
Und ich wär nicht die Blauensteiner,
täte ich nach seinem Sterben
nicht auch noch den Mercedes erben.
Denn Erben macht das Grauen kleiner.
Das sagt dir die Blauensteiner.

Doch Verständnis hab ich keins
für die Schwestern, die in Lainz
Senioren massakrierten
und keinen Cent dafür kassierten.

Wer anderen den Mund auswäscht
Und dann keinen Groschen casht
beleidigt durch die Unvernunft
die brave Mörderinnenzunft!
D'rum soll man niemals trauen einer
Schwester. Sagt die Blauensteiner.

Jetzt sitz ich da im Nirgendwo
um mich sind Herrn mit viel Niveau.
Fast nur Honoratioren
Wirtschaftsbosse, Diktatoren.
Die meisten tragen Rolex-Uhren
und tun im Schwefelwasser kuren.
Vielleicht sollt ich als Killer-Model
mir aufreißen an solchen Dodel?
Und dann wie seinerzeit auf Erden
wieder gestopfte Witwe werden?
Ich kann doch keinen mehr beerben.
Denn wer schon tot ist, kann nicht sterben.

Und die Moral von der Geschicht'?
Verbrechen lohnt sich wirklich nicht!
Tu niemanden beklauen, Kleiner!
Das sagt dir die Blauensteiner.«

Sie sagt dies und ist mit einem Donnerschlag verschwunden.

»Jetzt hat sie den ganzen Gugelhupf z'sammgfressen, der Trampel, auf den ich mich schon so gfreut hab!«

Schurl ist empört, doch Agathe tröstet ihn. »Kein Problem, Schatzi!«, sagt sie und fügt gurrend hinzu: »Ich mach eine Sachertorte, nur für dich alleine. – Wir haben nämlich morgen unseren zehnten Hochzeitstag!«, fügt sie zu uns gewandt hinzu.

Wir geben dazu keinen Kommentar ab. Schurl ist erwachsen. Er ist alt genug, um zu wissen, was er tun und was er lassen soll. Er wird also sicher Agathe vorher ein Stück der Sachertorte probieren lassen.

Bedeutende Briefe biederer BürgerInnen

Briefeschreiben ist wie Wetterleuchten;
da verblitzt sich alles und das Gewitter zieht nicht herauf.

Theodor Fontane, Schriftsteller

Nun, der Titel dieses Kapitels ist ein deutliches Understatement. Denn natürlich sind die Verfasser der folgenden Briefe und E-Mails »bieder« im Sinne von unbescholten und gesetzestreu. Aber die meisten von ihnen sind gleichzeitig mindestens ebenso bedeutend wie das, was sie verfasst haben. Auf welchen Wegen diese wunderbaren Schriftwerke so intellektuell wuchtiger Persönlichkeiten zu uns gekommen sind, dürfen wir natürlich nicht verraten. Wir Seelenanalytiker sind wie katholische Priester, investigative Journalisten oder KGB-Agenten: Wir geben niemals unsere Quellen preis! Außer, man foltert uns. Das macht aber gerade keiner, also machen Sie sich keine Sorgen.
Eine sogenannte »Originalitätsgarantie« für diese Briefe können wir natürlich nicht abgeben. Doch sind wir zuversichtlich, dass Sie, geschätzte empathische Leserin, und auch Sie, lieber gefühlsbetonter Leser, die folgenden Briefe ebenso wie wir als absolut authentisch erkennen werden.
Trotzdem müssen wir unsere Verantwortung als Austro-Psychopathologen wahrnehmen und eine grundsätzliche Warnung im Umgang mit E-Mails, Briefen und ähnlichem Schriftwerk aussprechen.

»Briefe sind in Sprache verdichtete Spiegelbilder der Seele.« Dieser gern zitierte, weil fernöstlich anmutende Satz ist inhaltlich falsch und damit in tückischer Weise irreführend. Denn die meisten Schreiben, ob sie nun klassische Briefe, SMS oder E-Mails sind, zeichnen sich keineswegs dadurch aus, dass sie real Existierendes verdichten und damit klarmachen wollen. Das liegt im Regelfall ja auch gar nicht in der Absicht der Schreibenden. Denn das Beschriebene soll ja zielgerichtet verzerrt und verfälscht werden, um die vom Schreiber intendierten Emotionen auszulösen.

In jenen Fällen, in denen das schreibende Subjekt selbst zum Objekt der Beschreibung wird, etwa in Bewerbungsbriefen, kann von einem verdichteten Spiegelbild schon gar keine Rede mehr sein. In solchen Schreiben, die noch dazu oft von im Internet entdeckten Mustern abgekupfert werden, mutieren Banal-Lebensläufe zu Superman-Stories oder Waldbauernbub-Geschichten. Und die Beschreibung der eigenen Charaktereigenschaften wird je nach vermuteter Personalchef-Erwartung zur Heiligenlegende oder zur »I'll fuck them all!«- Saga.

In diesen Selbstdarstellungen wird jeder Alkoholiker zum »kontaktfreudigen und teamfähigen Kollegen«, jede egozentrische Soziopathin zum »erfolgsaffinen Alpha-Weibchen« – und beide zusammen wären am Ende schließlich das Traumpaar der ATV-Reality-Show: »Austria's next Top-Dodels«.

Gottlob gibt es im Folgenden keine Bewerbungsschreiben. Kritisches Zwischen-den-Zeilen-Lesen ist trotzdem gefragt. Obwohl es sich hier bei den Verfassern natürlich um – wie steht's in der Überschrift? Ach ja, genau! – biedere BürgerInnen handelt.

Unter- & Arbeitnehmer

Schriftlicher Dialog hat im Österreich der Zweiten Republik eine lange Tradition. Nach den schrecklichen Erfahrungen des Krieges und der Zwischenkriegszeit setzte sich der Usus durch, sich nicht mehr gegenseitig auf die Zehen, sondern miteinander in Kommunikation zu treten – und zwar ungeachtet aller politischen und Klassengegensätze. Dabei entstanden wunderbare Freundschaften.

Gereifte Leser werden sich heute noch gerne an die sozialpartnerschaftlichen Turbo-Twins Benya & Sallinger erinnern. Wiewohl zwar der eine ÖGB-Boss und der andere Chef des Österreichischen Wirtschaftsbundes war, in Modefragen waren die Herren einer Meinung. Beide trugen Hosen, deren Bund etwa zwölf Zentimeter über dem Bauchnabel unverrückbar fixiert war – von Qualitätshosenträgern selbstverständlich heimischer Provenienz.

Man lud einander nicht nur zu sozialpartnerschaftlichen Gesprächen ein, man gratulierte auch zu Geburts- und Hochzeitstagen. Bei Wahlniederlagen des einen oder Wahlsiegen des anderen wurde zwar weder kondoliert noch beglückwünscht, man nahm solche Ereignisse aber jeweils gefasst auf, getreu dem Wissen: Wahlen kommen und gehen, die Sozialpartnerschaft bleibt bestehen.

Gut, ja. Das war einmal.

Trotzdem: Auch heute noch soll es gelegentlich schriftliche Dialoge zwischen Konzernherren und dem Österreichischen Gewerkschaftsbund geben.

Der folgende – als E-Mail-Attachment abgesandte – Brief des österreichischen Milliardärs Dietrich Mateschitz wurde uns am 4. Mai 2016 von schweren Red-Bull-Trinkern zugespielt und ist deshalb mit Vorsicht zu genießen. Wie ja auch das Getränk selbst.

Servus & Tschüss! TV

Wir scheißen auf die Quote!

An die ÖGB-SPITZE
irgendwo in WIEN

Bravo ÖGBler! Gratuliere!
Ich schließe Österreichs einzigen Qualitätsfernsehsender, weil ich der Gewalt weiche.
Niemand wird in Hinkunft mehr wissen, »Wo Grafen schlafen«.
Oder zuschauen können, wenn ein tollkühner Wirtschaftsflüchtling namens Felix Baumgartner bis zu 88 Dosen Red Bull auf einen Sitz hinunterstürzt und daraufhin in die Stratosphäre wischerlt.
Und wer ist daran schuld? Ihr Scheiß-ÖGBler! Und warum? Weil ihr mir einen Betriebsrat hineinsetzen wollt in MEINEN Fernsehsender.
Mir, der ich so viel getan habe für das geistige und kulturelle Leben dieses Landes: vom Red Bull Österreichring bis zur Red Bull Arena, vom Red Bull Flugtag bis hin zum Red Bull Seifenkistenrennen!
Was ist der Dank? Ihr wollt mir einen Gewerkschaftsfuzzi ins Betriebssystem implementieren, einen Virus, ein räudiges Schaf in meinen herrlichen Wolfspelz. Aber das lasse ich mir nicht gefallen. »Da leg ich meinen Zobel hin und sage Tschüss, baba!« Ich formuliere das so, wie das Ferdinand Raimund an meiner Stelle auch gesagt hätte, weil ich abendländisch gebildet bin und keineswegs nur ein Kopist koreanischer Kracherl!
Richtig, ÖGBler! Ja! Ihr könnt euch euren depperten Betriebsrat in die Haare schmieren! Ich jankere den Laden zu und bring die geilen Sachen in Hinkunft nur noch auf Red Bull TV. Und wenn ihr mir dann dort auch einen Betriebsrat hineinsetzen wollt – gut, okay: Mach ich es halt wie der Felix und werde auch Wirtschaftsflüchtling. Schweiz, Visegrád, Kasachstan … ich kann überall hin. Red Bull verleiht Flügel.
Tschüss, baba & schleichts euch bitte endlich,
Euer Didi
Dietrich Mateschitz, Entrepreneur

Als der Inhalt dieses Briefes bekannt geworden war, soll das E-Mail-Postfach im Büro der Red-Bull-Konzernzentrale übergegangen sein - mit Solidaritätsschreiben. Für die Gewerkschaft? Nein. Für die Unternehmensleitung. Hier ein kurzer und höchst unvollständiger Auszug (die Namen wurden von der Red. geändert):

Sehr geehrter Herr Kommerzialrat Mateschitz, niemand in der Belegschaft wollte einen Betriebsrat. Wir sind so total super zufrieden hier! Zuerst der Piefke vom ZDF, dann der Burgtheaterdirektor! Alle haben sie uns in Ruhe gelassen! Wir haben nie negative Mails von unserem Zuseher bekommen, unser Frühstücksfernsehen hat ihm immer sehr gut gefallen. Gibt es noch eine Hacke als Sandwichmann für die Red-Bull-Arena? Ich gehe meilenweit für Red Bull! Bitte vergessen Sie mich nicht!
Ihr Franz Xaver Lüftl

Diese Gewerkschaftsbeideln sollen alle durch die Bank scheißen gehen. Nicht stressen lassen, Chef. Die Wappler ziehen den Schwanz ein.
Die Putzi.

Lieber Herr Mateschitz, ich habe von dem ÖGB-Mist gehört und soeben eine neue Tier-Doku entwickelt. Thema: »Gewerkschaftliche Organisation als Wohlstandsbremse bei den Graugänsen«. Krieg ich da einen Slot bei RED BULL?
MfG, Donald Duck
(Ich darf im Mail meinen richtigen Namen nicht nennen. Aber Sie wissen eh – der mit den lappigen Füssen und dem großen Schnabel aus der ORF-Doku!!)

HI DIDI! Ich tanke tirr, tass tu weiter unsere Werte verteidigst. Mir Unternehmer mussen aufpassen wie die Haftelmakers, dass nicht alles runtergeht die Bach. Und finally die Gewerkschaft tells us, wo es lang geht! Das wäre der Untergang von die Abendland und die rise again von die Kommunisten! Keep strong!
Dein Frank.
PS: Next Samstag ich grille an die Wörthersee die verschiedensten frisch getöteten Wassertiere. Kommst du? Der Sigi Wolf ist auch da.

Sehr geehrter Herr Dkfm. Mateschitz, ich war in meinem Umfeld der einzige, der Servus TV wirklich nahezu täglich gesehen hat. Besonders gut haben mir die spannenden Berichte über verschiedene Perchtenläufe in den Alpinregionen gefallen. Aber auch die Nockerlrezepte bereiten mir großes Vergnügen. Da fällt mir spontan gleich noch etwas ein: Ich lese auch regelmäßig mit großem Interesse Ihre Postille »Servus in Stadt und Land«, wobei mir besonders gut die spannenden Berichte über verschiedene Perchtenläufe in den Alpinregionen gefallen. Aber auch die Nockerlrezepte bereiten mir großes Vergnügen. Lassen Sie sich von der Gewerkschaft nicht unterkriegen. Gott mit Ihnen!
Ihr Dr. Bert Engel

Doch auch die Gewerkschaft ließ nicht locker. Noch am Abend des 4. April erreichte Mateschitz ein Mail, obwohl am nächsten Tag ein uralter Feiertag der Arbeiterbewegung begangen wurde, nämlich Christi Himmelfahrt. Hier das uns zugespielte Antwortschreiben des ÖGB:

ÖGB
WIR SIND FÜR SIE DA.
Doch Ihr Mail erreichte uns außerhalb unserer Arbeitszeiten.
Wir beantworten es so schnell wir können. Es wird also dauern.

Also, sehr geehrter Herr Dkfm. Mateschitz,
obwohl außerhalb jeder Geschäftszeit, antworte ich Ihnen gleich:
Es muss klar sein, dass keine Arbeitgeberin, kein Arbeitgeber die Wahl eines Betriebsrates verhindern kann.
Es ist uns als gestandene Gewerkschafter Pflicht und Vergnügen, bei jedem Copyshop, der insgesamt fünf oder mehr als fünf Angestellte beschäftigt, bei jedem Landwirtshaus, welches Selbiges tut, und auch bei jedem Reifenschuster dieser Kategorie mit unerbittlicher Härte vorzugehen und die Installation eines Betriebsrates zu fordern. Sollten die Angestellten dort das angeblich nicht wollen, werden wir, wie schon auch in der Vergangenheit, mit akribischer Genauigkeit prüfen, ob hier Druck von Unternehmerseite ausgeübt wird.
In Ihrem Fall, lieber geschätzter Herr Dkfm. Mateschitz, werden wir solche Kontrollmaßnahmen naturgemäß nicht setzen: SERVUS TV hat ja mehr als 200 Mitarbeiter. Auf eine so große Zahl können Sie persönlich ja schon aus Zeitgründen gar keinen Einfluss nehmen.
Wir können also davon ausgehen, dass sich bei Ihrem geschätzten Sender alle ArbeitnehmerInnen nach reiflicher Überlegung freiwillig entschlossen haben, keine Betriebsratswahl abzuhalten und damit auch keinen Betriebsrat zu installieren. Ihre Drohung, widrigenfalls den Sender zu schließen, hatte auf die Entscheidung Ihres Personals sicher nicht den geringsten Einfluss. Auf solche Gedanken können nur hirnschwangere Linksradikale kommen, aber sicher nicht wir.
Ich freue mich schon auf die nächste Folge von »Wo Grafen schlafen«! Stimmt es, dass sie von dieser Erfolgsserie zwei Spin-offs planen? Nämlich »Wo Patriarchen schnarchen« und »Wo Kummerln schlummerln«? Bin schon sehr gespannt!
Servus, Freundschaft und baba,
Ihr Erich Foglar
Präsident des ÖGB

Mütter & Söhne

Besonders schön ist es, wenn dann auch Männer der hohen Politik oder der als besonders »cool« geltenden Werbebranche sich ihrer geliebten Mütter erinnern und diesen eine kleine postalische Aufmerksamkeit zukommen lassen. Noch dazu, wenn sie als Shootingstars auf dem aalglatten Parkett internationaler Diplomatie brillieren oder schon in ganz jungen Jahren den einen oder anderen Flohwalzer auf der größten Medienorgel des Landes spielen durften.

Sebastian Kurz
Der Herr Bundesminister für Europa, Integration
& Äußeres

An

Frau Mag. Mutti Kurz

Meidling

1120 WIEN

Liebe Mutti,
ich schreibe Dir diesen Brief mit einer uralten Schreibmaschine aus der Kreisky-Ära, weil meine SMS und E-Mails dauernd vom CDU und anderen Geheimdiensten abgehört werden. Jedes Mal, wenn ich einen Ossi-Witz über die Merkel mach, wird der weitergeleitet und ich muss mich dann wieder herausreden, wenn ich die Alte zufällig in der Cafeteria in Brüssel treffe. Damit ist jetzt Schluss.
Aber jetzt gleich zu meinen drei harten, aber auch durchaus konkreten Fragen:
Erstens: Hast du mit der Oma geredet? Kann ich das durchziehen mit dem Kopftuchverbot? Wenn ja, dann muss sich die Oma aber auch dran halten, bitte. Nicht, dass sie dann wieder an einem Samstag Nachmittag in Stammersdorf beim Heurigen sitzt mit einem Kopftuch auf dem Kopf, nur weil der Wind geht und sie Angst kriegt, dass sie Ohrenstechen bekommt. Wenn sie dabei ein Polizist erwischt, wird sie sofort verhaftet, die Oma. Wegen Teilvermummung und symbolischer Unterstützung einer terroristischen Vereinigung! Da gibt's dann keine Würschteln und kein Pardon. Also, ich möchte das Kopftuchverbot jetzt endlich durchziehen und da muss die Oma mitspielen. Bitte rede mit ihr eindringlich, danke.
Zweitens: Wann schickst Du mir endlich die Liste mit den Staaten, die ich bei den nächsten multilateralen Konferenzen nicht einladen darf? Du weißt, für mich ist das nicht einfach, aber logo, ich mach's, ich weiß ja, liebe Mutti, was ich Dir alles zu verdanken habe. Nicht nur meine Geburt, sondern auch die Erstkommunionskerze und den Slogan für meine erste Kindergartenparty: WER ZU MIR KOMMT, DER KOMMT ZU KURZ! Ich weiß, was ich an Dir habe, und deshalb hab ich auch zu der Balkanroutenflüchtlingskonferenz

im Frühjahr 2016 Griechenland nicht eingeladen. Den Tsipras hat es fast zerrissen vor lauter Zorn, aber es war eine richtige Entscheidung! Warum haben Dir die depperten Griechen im 1983er-Jahr auf Rhodos auch einen Ouzo ohne Eiswürferln gegeben, obwohl Du ausdrücklich einen Ouzo MIT Eiswürferln verlangt hast? Eben! Also bitte: Schick mir die Liste!
Drittens: Kannst Du bitte Deine Schönheitschirurgin fragen, was man mit den Ohrwascheln machen kann? Muss man da operieren oder geht picken auch?
Der Mitterlehner ist nämlich so gemein, der sagt immer »Dumbo« zu mir. Am Anfang hab ich mich richtig gefreut, weil ich geglaubt habe, der Dumbo ist ein Revolverheld wie der Django. Und weil der Mitterlehner ja bei seiner farbentragenden Studentenverbindung den Coleurnamen »Django« trägt, habe ich mir zuerst gedacht, er will mir sagen, dass er mein bester Freund ist. Wollte er aber nicht. Denn Dumbo ist ein fliegender Elefant mit riesigen Ohrwascheln und der Mitterlehner ist ein Ungustl, den wir bald hinwegfegen werden. Dann werde ich endlich Parteivorsitzender und Bundeskanzler, ich möchte schließlich nicht umsonst mein Jus-Studium abgebrochen haben!
Also bitte – frag die Schönheitschirurgin – vielleicht gibt es da ja so einen hautfreundlichen Bio-Superkleber. Operieren wär schon blöd, aber wenn's sein muss, naja, dann muss es halt sein.
Bussi, Dein Basti

Nikolaus Pelinka, MSc

Managing Director

Liebe Mama,

ich hau Dir diesen Brief höchstpersönlich ins Postkastl, damit er nicht in falsche Hände kommt.

Ich spreche Dich diesmal nicht in Deiner Funktion als Mutter eines wunderbaren Sohnes an. Ich spreche Dich in meiner Funktion als Patient und Dich in Deiner Funktion als Psychotherapeutin an.

Die Arbeit in dieser depperten Agentur ist urfad. Lauter sichere Staats- und Parteijobs, kein Risiko. Schreibe mir jetzt aber bitte nicht, dass ich die Hacke ja genau deshalb bekommen habe. Du kennst die Macht der Kränkung, obwohl Du sie blöderweise nicht geschrieben hast, sondern dieser Vorarlberger, der mir jetzt nicht einfällt.

Aber was das Schlimmste ist: Keine Sau interessiert sich mehr für mich. Vor ein paar Jahren war es dagegen noch urgeil: Da waren die Rudas Laura und ich die bekanntesten Jung-Sozis. Wir waren Stars! Bei den Staatskünstlern wurde ich sogar vom Ofczarek gespielt. Ich war die bedeutendste Rolle seines Lebens, neben dem »Jedermann« und der Ottakringer-Bier-Werbung.

Und heute? Heute bin ich bedeutungslos.

Das muss ich ändern.

Ich habe dazu eine Mörder-Idee: Beim Frühstück blase ich dem Papa mit einem Strohröhrl Juckpulver ins Ohrwaschel. Ich hoffe, er prackt mir dann eine.

Das müsstest Du mit dem Handy fotografieren und wir leiten das an die Presse weiter.

Erinnerst Du Dich? Wie der Papa vor ein paar Jahren gesagt hat, er gibt mir eine Watschen, wenn ich mich im ORF redaktionell einmische? Da haben sich die Wiener Kinderfreunde furchtbar aufgeregt wegen Gewalt in der Familie und so.

Die tun das wieder, da bin ich mir sicher, und das wäre megageil!

Liebe Mama, koste es, was es wolle – ich muss unbedingt in die Medien!
Vielleicht spielt mich nach der Aktion dann der Ofczarek wieder.
Und der uralte Schenk Ottl spielt den Papa, wie er mir eine prackt.
Das wäre für alle eine Win-win-win-win-Situation.
Es umarmt und herzt Dich,
Dein Nico

Politik sei – so wird das ihren Akteuren jedenfalls immer wieder vorgeworfen – sehr oft viel zu abgehoben und meilenweit von den Adressaten ihrer Botschaft entfernt. Das muss nicht sein! Auch MinisterInnen können sich etwa in Flugblättern oder auf Plakaten geradlinig und unverblümt direkt an jene wenden, denen sie etwas zu sagen haben.

Das folgende Plakat soll sowohl auf allen Minaretten des Mittleren Ostens und Afghanistans angebracht worden sein als auch auf eigens dafür her- und aufgestellten Litfaßsäulen in den Oasen und Karawansereien der Sahara.

So geschehen, sagt man, Anfang April 2016.

LISTEN, REFUGEES!

AUSTRIA IS NO PARADISE. AND I AM NO ANGEL.

WELL, O.K.: I MAY LOOK LIKE AN ANGEL BUT I'M THE DEVIL IN DISGUISE!

STAY AWAY!

OUR SOUND OF MUSIC IS NO LONGER THE »SONG OF JOY« OF THE SOFT EGG BEETHOVEN OR THE »LITTLE NIGHT MUSIC« OF THE WARM-SHOWERER MOZART. OUR SOUND OF MUSIC NOW IS THE VOLKS-ROCK'N'ROLL OF ANDI GABALIER!

THEREFORE REFUGEES: FUCK OFF!

Yours sincerely,
Johanna Mikl-Leitner
Commander in Chief of the Fortress of Europe

PS.: And never forget: Our Austrian boys startet TWO World-Wars!

Aber – wie sagt es ein altes Weinviertler Sprichwort so richtig? – »Der Mensch denkt und Gott lenkt.« Und so gefiel es dem Radlbrunner Weltenlenker, gemäß seinem unerforschlichen Ratschluss Mikl-Leitner noch Ende April 2016 vom Innenministerposten abzuberufen und auf diesen den notorischen Sympathieträger Wolfgang Sobotka zu setzen. Als ausgebildeter Cellist und höchst erfahrener Fremdwährungskreditnehmer ist Sobotka für dieses Amt geradezu prädestiniert. Mikl-Leitner durfte als Landeshauptmann-Stellvertreterin in die Weltstadt St. Pölten wechseln. Damals kursierenden Gerüchten zufolge sollte sie daselbst schon 2017 vom Herrgott selbst als Landeshauptfrau inthronisiert werden.

Wie wir von gewöhnlich gut unterrichteten ÖVP-Greisen der Landesverwaltung erfahren konnten, sollte unmittelbar nach ihrem Amtsantritt dann das Flugblatt in den angrenzenden Bundesländern verteilt werden:

Horchts zu, ihr steirischen Plocheln, oberösterreichischen Mostschädeln, burgenländischen Wappler und Wiener Wurschteln!

Das alte Babenberger-Kernland Niederösterreich ist sich selbst genug! Wir dulden keine Migrationswellen von artfremdem Gesindel! Das gesamte Landesgebiet ist bereits von einem humanitären Stacheldrahtzaun umschlossen, die Ennsbrücke wird in den nächsten Stunden gesprengt, der Semmering-Eisenbahntunnel zugemauert! Zwischen Kloster- und Korneuburg patrouillieren ab sofort gepanzerte Schlauchboote der Wachauer Marine, um Wiener Schlepperbanden aufzubringen und diesen Ratten das Handwerk zu legen! Unsere Kremser Marines erhalten dabei von den Blackhawks aus Langenlebarn Luftunterstützung in Form von anfeuernden Zurufen!

Aufgegriffene illegale Einwanderer werden im Schnellverfahren abgeurteilt und in ein sicheres Drittbundesland abgeschoben!

Die Basilika von Maria Taferl darf keine Moschee, der Mariandl-Marillenschaumwein kein Schilcher und St. Pölten darf nicht Linz werden!

Johanna Mikl-Leitner

Mag. Johanna MIKL-LEITNER
von Gottes Gnaden Landeshauptfrau zu Niederösterreich

Nun ja: Wir haben bereits festgestellt, dass es mit dem Denken und Lenken so eine Sache ist. Und jetzt heißt es wieder: Sie wird doch nicht Landesfrau. Sondern ER selbst will's noch einmal wissen und sich 2018 neuerlich einer Wahl stellen.

Vielleicht wird also obige Info an die Plocheln, Mostschädeln, Wappler und Wurschteln gar nicht hinausgehen.

Lassen wir uns überraschen.

Werners Christkindlwünsche

Durch einen Post-Irrläufer erreichte uns im Sommer 2016 der folgende schön gereimte Brief, der eigentlich »An das Christkindl« adressiert war. Warum das lyrische Schriftwerk von einem der bedeutendsten Kanzler der Zweiten Republik seinen Weg ausgerechnet zu uns fand, ist uns unklar und auch nicht weiter von Belang.

Es zeigt allerdings, und das finden wir wunderbar, dass sich auch im rauen Klima jahrelanger Sachpolitik aufrichtiger Kinderglaube und lyrische Ausdruckkraft erhalten und entwickeln können.

An die Christkindln und das Christkindl

Ich hab den Wurschtl für euch alle brav gemacht
seit Gusi abtrat. Das war schon Zweitausendacht!
Ich werkte für Genossinnen und auch Genossen!
Doch nach acht Jahren war ich dann total verdrossen.
Weil warum? Ich konnte machen, was ich wollte –
ich war ein Mann, den man wie eine Kugel rollte!

Den Trottelblättern, nämlich »Österreich« und »Heute«,
lieferte ich immer wieder fette Beute:
Denn es kassierte hier und dort die Zeitungsleitung
Presseförderung für ihre Gratiszeitung.
Im Kaffeehaus brachte dann dem Gast der Kellner
eine Schundzeitung von Dichand oder Fellner.
Und was stand drin in diesen Scheißelaboraten?
»Wir tun zu Werners Wiederwahl jetzt nicht mehr raten!«

Darauf dachte ich, weil ich ein harter Hund bin:
Ich hau doch nicht so einen Top-Job da beim Bund hin!
»Genossen, kommt!«, sprach ich, »es gibt am Ersten Mai Fun!
Ich halt a Rede und ihr schreits dann: Bravo Faymann!«
Und weil tief in mir ein kleines Hoffnungslicht glimmt,
sah ich nur die Schilder »Werner, bleib! Der Kurs stimmt!«

So, als ob es ganz nach meiner Fantasie ging!
Doch das war nur meine Sektion aus Liesing.
Viele andre brüllten: »Oarschloch! Schleich di ham glei!
Weg vom Rednerpult und in die nächste Tramway!«
Darauf pfiffen sie mich aus, meine Genossen.
Daheim in Liesing sind dann Tränen mir entflossen.

Nach Tagen legte ich den Kanzlerposten nieder.
Diese Christkindln, die sind mir doch zuwider:
Parteibuch-Sozis, die sich durch den Stau quäl'n

und – wenn sie stecken bleiben – sofort blau wähl'n,
solche Wappler können mir nicht mehr erzählen,
dass sie wissen, wen und was sie warum wählen.

Diese Christkindln, die sind für mich erledigt.
Denn sie haben mir die Seele schwer beschädigt.
Doch können mir die Gfrasta eins nicht rauben –
nämlich eines, etwas Feines: meinen Glauben.

Ich glaube an das Christkind, das ist wahr.
Denn es war stets und immer wunderbar
zu Sozikanzlern, die ans Christkind glaubten.
Und in der Pension dann Jobs abstaubten.

O liebes Christkind schenke mir
so einen Job als Gaskassier
wie Schröder ihn bei Putin hatte.
Oder gib mir eine satte
Anstellung im Aufsichtsrat,
wie sie der Gusenbauer hat
beim braven STRABAG-Haselsteiner!
Vielleicht aber wär es auch feiner,
wenn du mir einen Posten schenkst
– der Klima-Vickerl hat ihn längst –
als Tandler im VW-Konzern,
denn Autos hab ich eh so gern!

Christkind, aber gib drauf acht,
dass der Job mir Freude macht.
Ich will nur raus aus der Partei
und bin bei jeder Hetz dabei!

Wahnsinn! Ist diese Welt nicht großartig? Es war noch nicht einmal Weihnachten und doch wurde Werners Herzenswunsch vom

Christkindl auch schon erfüllt! Bereits im August 2016 ernannte ihn UN-Generalsekretär Ban Ki-moon zum UN-Sonderbotschafter für Jugendarbeitslosigkeit. Moment – nein – Fehler: Sonderbotschafter für den Kampf *gegen* die Jugendarbeitslosigkeit, muss das natürlich heißen. Vorerst ist der Job rein ehrenamtlich, aber gut. Wenn man einmal drinnen ist in dem Verein, dann wird sich schon irgendwann einmal eine Entschädigung einstellen. Das hoffen wir jedenfalls. Werner hätte es sich verdient. Denn keiner schreibt so schöne Gedichte wie er und keiner kann so lustig reden wie er. Also zumindest nicht der Gusi. Wenn der gesprochen hat, dann fühlten wir uns immer bluesy.

Streng genommen ist das, was nun folgt, kein Brief. Es sind Auszüge aus einem Tagebuch. Man kann aber Tagebücher auch als Briefe an sich selbst oder an die Nachwelt sehen. Und somit passen diese frühen Tagebucheintragungen eines hochrangingen Zahntechnikers und begabten Teilzeitpolitikers sehr gut in dieses Kapitel.

Das Tagebuch wurde uns anonym zugespielt. Offensichtlich mit dem sinisteren Ansinnen, dieser Person eine Nähe zu rechtsradikalen Ansichten oder gar Aktivitäten zu unterstellen. Dennoch veröffentlichen wir einen Teil dieses Materials. Denn diese geistvollen Sentenzen eines noch sehr jugendlichen »Bumsti« beweisen akkurat das Gegenteil! Egal, ob dieses Tagebuch nun echt ist oder gefälscht, es belegt für den objektiven Leser in bravouröser Manier die moralische und auch politische Lauterkeit des juvenilen Tagebuchschreibers.

Doch der einleitenden Expertenworte sind es nun genug – geschätzte Leserin, geneigter Leser, bilden Sie sich doch selbst ein Urteil über »Bumsti« – diese wahrhaft schöne Seele!

Auszüge aus Bumstis Tagebuch

Samstag, 15. September 1984

Liebes Tagebuch! Pfau, gestern war es ursuper. Obwohl ich kein Gümnasiast bin, sondern »nur« ein Zahntechniker-Lehrling, haben sie mich gestern als Fuchs in die Burschenschaft »Vandalia« aufgenommen. Ich bin überglücklich. Alle Burschen und Füchslein sind urlieb und haben da so eigene Namen in dieser schlagenden Verbindung. Die meisten heißen so ähnlich wie die Nibelungensagentypen oder wie Comic-Helden: Sigurd, Odin, Dietrich, Hagen, Volker oder Dankwart. Dem Dankwart sein Papa hat eine Shelltankstelle. Wie ich das gehört hab, hab ich recht lachen müssen. Das war blöd von mir. Denn, liebes Tagebuch, der Dankwart hat mich gleich zu einer Mensur herausgefordert und mich mit dem Schläger total verdroschen. – »Schläger« nennen wir den Säbel. Aber ich üb jetzt jeden Tag zu Hause brav mit dem Laserschwert vom Luk Skeiwocker, das mir die Mama letztes Jahr zum Christkindl geschenkt hat. Jetzt aber muss ich schlafen gehn und mir im Traum einen Super-Namen ausdenken. Gute Nacht, liebes Tagebuch.

Samstag, 22. September 1984

Liebes Tagebuch, die bei der »Vandalia«, das sind lauter böse Onkelz. Alle haben mich ausgelacht und gesagt, ich habe mir den deppertsten Burschenschaftler-Namen ausgesucht. Gut, ich gebe zu: »Bumsti« ist keine Gestalt aus der germanischen Sagenwelt. Aber er ist ein Zwerg, der »Bumsti«. Und der Gerulf Zwirschina heißt »Laurin« und der Laurin ist auch ein Zwerg. Ich finde Bumsti gut und übe weiter mit dem Laserschwert.

Samstag, 12. Juni 1985

Liebes Tagebuch, zu meinem Geburtstag hat mir die Wychoral, unsere Nachbarin, die alte Hex, etwas geweissagt: »Bumsti! Dereinst wird sich des Rindfleischkönigs Töchterlein in dich verlieben!« »Aha«, hab ich gesagt, »und wer ist der Rindfleischkönig?« »Ich bin ein Orakel und kein Auskunftsbüro!«, hat daraufhin die Wychoral gesagt, nachdem sie den letzten Schluck Müller-Thurgau hinuntergekippt hatte. Dann ist die Prophetin rasch zum Ende ihrer Ausführungen gekommen: Wenn ich die Tochter des Rindfleischkönigs heirate, dann werden mir Macht und Ämter offenstehen. Dann schwieg sie, denn die Mama hat gesagt, es gibt keinen Müller-Thurgau mehr. Wer ist dieser ominöse Rindfleischkönig? Ich bin ratlos, liebes Tagebuch und lege mich jetzt schlafen.

Samstag, 15.Februar 1986

Wahnsinn, supsi, total irre, liebes Tagebuch! Es ist schon dreiviertel elf am Abend und ich bin erst jetzt nach Hause gekommen. Ich war heute mit der Gudrun auf einer urcoolen Trachten-Raveparty von ein paar Hawaran - ähm, ich meine natürlich Kamaraden - in Niederösterreich. Ja, okay, der Jürgen und der Andi waren auch da, aber ich bin ihnen aus dem Weg gegangen, der Gudrun aber nicht.
Sie mir auch nicht. Jetzt bin ich überglücklich.
Der BUMSTI hat seine MAUS gefunden!

Sonntag, 23.März 1986

Pfau, eines fügt sich zum anderen, liebes Tagebuch! Weißt du, was der Bundesbruder Hagen gestern zu mir gesagt hat? »Ich beglückwünsche dich zur Gudrun! Immerhin ist sie ja die Tochter vom Führer!« »Was?!«, erwiderte ich zornig. »Naja, die Tochter vom Chef halt, vom Boss, vom King sozusagen!« Liebes Tagebuch, wie er gesagt hat »King«, da ist es mir wie Schuppen aus den Augen herausgefallen. Aber der Reihe nach: Die Gudrun heißt Gudrun Burger. Und ihren Papa nennen sie den »King«. Was ergibt sich daraus? »Burger King«! Und die Burgers vom »Burger King« werden fast ausschließlich aus Rindfleisch gemacht. Was sagte die Prophetin Wychoral? »Bumsti! Dereinst wird sich des Rindfleischkönigs Töchterlein in dich verlieben! Und wenn du sie heiratest, dann werden dir hohe Ämter offenstehen und die Macht wird stets mit dir sein!« Die Gudrun ist also die Tochter des Rindfleischkönigs. Jetzt muss ich nur noch dem zukünftigen Schwiegervater die Zustimmung zur Hochzeit abringen. Gute Nacht, liebes Tagebuch.

Freitag, 23. November 1990

Liebes Tagebuch, lange hast du von mir nix mehr gehört. Aber gestern ist für mich eine Welt zusammengebrochen. Stell Dir vor: Die Gudrun ist NICHT die Tochter vom »Burger King«. Sie ist die Tochter von Norbert Burger, Österreichs bekanntestem Rechtsradikalen.
Woher ich das weiß? Der Reihe nach, liebes Tagebuch: Gestern, nach der Kneipe in der Vandalia, bin ich mit dem Alten Herrn, der mich zur FPÖ gebracht hat, noch auf ein Bier gegangen. Er hat mir eröffnet, dass sie mich nächstes Jahr schon zum Bezirksrat machen wollen. Und es sei ihm völlig wurscht, wer mein zukünftiger Schwiegervater sei. Und dann ist alles herausgekommen. Dass der Gudrun ihr Vater kein Hamburger-Bastler ist, sondern ein Bombenbastler war in Südtirol. Und ich habe den Burger Bertl immer als King betrachtet, als Vaterersatz, sozusagen. Dabei ist er nur ein Rechtsradikaler. Und ich verabscheue alle Rechtsradikalen, wie du ja weißt, liebes Tagebuch! Ich war bitter enttäuscht. Aber heute Abend habe ich die Daniela kennengelernt. Die ist die Tochter von einem Tafelspitzrestaurantbesitzer! Und ganz Wien nennt ihn den Rindfleischkönig. Sollte die alte Wychoral doch recht behalten??

Hier endet das uns übermittelte Tagebuch. Der Rest ist Schweigen. Oder weißes Rauschen.

Zweiter Teil
Von da kommen wir her

Total normal föderal

Österreich ist ein Bundesstaat. So wie die USA. Oder wie Deutschland. Die USA haben fünfzig Bundesstaaten. Deutschland hat sechzehn Bundesländer. Österreich hat neun davon. In Deutschland leben etwa zehnmal mehr Menschen als in Österreich, in den USA siebenunddreißigmal mehr. Wären die Amis so fantastisch föderal organisiert wie wir Österreicher, so müssten sie hundertfünfundachtzig Bundesstaaten haben und nicht nur läppische fünfzig. Deutschland würde sich in neunzig Bundesländer gliedern, anstatt in gerade einmal sechzehn.

Bei einem großen internationalen Seelenanalytiker-Kongress haben wir sowohl einem amerikanischen Kollegen als auch einer deutschen Kollegin unser wunderbares österreichisches Föderalmodell näherzubringen versucht und zur Eigenanwendung vorgeschlagen, weil uns ja das totale Föderale besonders lieb und sehr teuer ist.

Der amerikanische Kollege ordnete daraufhin sofort unsere Zwangseinweisung in eine psychiatrische Heilanstalt an, inklusive NSA-erprobter Waterboarding-Therapie. Doch da der Kongress nicht in Baton Rouge, Louisiana, sondern in Wladiwostok, Russland, stattfand, blieben wir ungeschoren. Denn nach wie vor lässt sich der Russe vom Ami nicht gern etwas anschaffen. Ergo wurde dem Einweisungsantrag zu unserem Glück keine Folge geleistet.

Die deutsche Kollegin reagierte wesentlich freundlicher, indem sie glockenhell auflachte. Doch auch sie lehnte unseren Vorschlag rundweg ab. Sie meinte sogar: »Österreich sollte im Bereich des

Föderalismus dem Vorbild Deutschlands oder gar dem der Vereinigten Staaten nacheifern!«

Dann hätte unser »Zwergstaat« im ersten Fall – aufgerundet – zwei Bundesländer, im zweiten Fall gar nur eines. Staat und Bundesland wären dann gewissermaßen ein und dasselbe.

»Und was, liebe Kollegin, soll das bringen?!« Unsere Stimme trieft geradezu vor Hohn.

»Was das bringen soll? Gottchen, das liegt doch wohl auf der Hand! Eine enorme Ersparnis!«, meint darauf die deutsche Seelenforscherin wie aus der Pistole geschossen. »'ne eklatante Reduktion der Verwaltungskosten!«

Geld ist nun einmal nicht alles, verehrte Kollegin! Es geht auch um psychische Gesundheit. Der Verlust des Arbeitsplatzes führt oft direkt in die Depression. Und was würde geschehen, wenn wir nur mehr *ein* Bundesland hätten, das noch dazu mit dem Staat identisch wäre? Zahllose Menschen würden ihre Jobs verlieren! Nein, nicht nur die neun Landeshauptleute und nicht nur die Hundertschaften von Landesregierungsmitgliedern und Landtagsabgeordneten! In den Regionalniederlassungen des Arbeitsmarktservice würden sich auch noch ungezählte Polit-Adlaten, Chauffeure, Redenschreiber, Büro- und Küchenleiter drängen sowie Schwärme von Landesverwaltungsbeamten. Viele von diesen würden wohl kaum eine alternative Anstellung bekommen. Einige müssten sich als verschämte Bettler durchschlagen. Andere könnten vielleicht gar ein Musikinstrument lernen, um dann als unverschämte Musikvaganten die Boulevards und Plätze schmucker Provinzmetropolen akustisch zu bereichern. Ein wahrhaft horribler Gedanke!

Doch nicht nur diese armen Arbeitslosen würden an einer solchen Zentralisierung Österreichs leiden, nein, wir alle! Denn, Hand aufs Herz: Natürlich sind wir alle nach außen hin glühende Europäer! Und bei Welt- oder Europameisterschaften dann wieder alle fanatische Österreicher!! Im Kern aber, bitteschön, im Kern sind wir doch alle Wiener, Burgenländer, Steirer, Kärntner, Tiroler, Vorarlberger, Salzburger, Ober- oder Niederösterreicher!!!

Jedes Bundesland hat einen eigenen, auf seine Art liebenswerten Menschenschlag hervorgebracht. Jede Region ihre ganz eigene Seele. Im Folgenden werden wir diese neun Seelenlandschaften durchstreifen, ihre »Landmarks« aufspüren und gelegentlich auch die Trachten zu analysieren trachten.

Die Seele ist ein weites Land. So steht es bei Arthur Schnitzler. *Doch auch das Land hat eine weite Seele.* Wir fügen das spontan hinzu, um uns in größere Zusammenhänge hineinzureklamieren.

Und das wollen Sie doch sicher auch, oder? Also dann – weiterlesen! Auf geht's!

Seelenlandschaft WIEN: Die hohe Schule des »Suderns«

»Gehns, seins net fad!«,
sagt der Wiener zu jedem, der sich in seiner Gesellschaft langweilt.

Karl Kraus, Schriftsteller und Dramatiker

Immer wieder taucht Wien in internationalen Untersuchungen ganz oben auf der Liste jener Großstädte auf, die eine besonders hohe Lebensqualität bieten. Trotzdem sind Wienerinnen und Wiener stets dabei zu jammern und zu kritisieren. Oder, um es im lokalen Idiom auszudrücken: A echta Weana raunzt, fäut und sudert.
Für uns Seelenforscher ist ganz Wien so etwas wie eine offene Klinik, in der wir unsere Studien betreiben können, ohne dass das Patientenmaterial davon auch nur das Geringste bemerken würde. Nicht zufällig hat in diesem wunderbaren Umfeld Sigmund Freud die Psychoanalyse entwickelt.
Seither haben zahllose Psycho-Studien die unterschiedlichsten Ergebnisse gebracht – im Kern aber waren sich alle einig:
Die berühmte Wiener Gemütlichkeit und der unübertroffene goldene Humor der hiesigen Stadtbevölkerung beruhen auf dem soliden Sockel einer profunden negativen Lebenseinstellung.

Die Kraft des Negativen Denkens

Seit Jahrzehnten schon predigen LebensberaterInnen und Psycho-Coaches die großartige Wirkung des sogenannten »Positiven Denkens«. Ganze Bibliotheken sind mit einschlägiger Fachliteratur geradezu zugemüllt. In diesen äußerlich meist farbenfroh gestalteten Werken verbindet sich im Regelfall stilistische Schlichtheit mit inhaltlicher Platitüde. Man müsse eben alles, heißt es da, »positiv« sehen. Und schon werde das Leben leichter. Positives Denken wecke die Kreativität und lasse die Umwelt heller und freundlicher erscheinen. Als Beispiel für diese grandiose Denkschule wird dann immer das berühmte, halb mit Wasser gefüllte Glas angeführt. Man solle auf gar keinen Fall dieses Glas als »halbleer« bezeichnen, heißt es dazu in der Fachliteratur. Denn das würden nur unverbesserliche Pessimisten und Fortschrittsverlierer tun. Wer aber offen, entschlossen und erfolgsaffin in die herrliche Zukunft unseres globalisierten neuen Jahrtausends schreiten wolle, der bezeichne das halb leere Wasserglas positiv und angstfrei als »halbvoll«.

»Das is a kompletter Bledsinn!«, erklärt uns dazu Joe, den wir auf unserer Feldforschungsreise im Wiener Prater kennenlernen. »Wurscht, ob hoibleer oder hoibvoi – a Glasl mit Wossa is immer oasch! Besser is scho, wauns a Sodawossa is. Und aum besten is es, waun Se in die obere, no leere Hälften von dem Glasl mit dem Sodawossa an Grünen Wötliner eifülln. Daun ham S' nämlich an G'spritztn! Und der hot erschtens immer Saison und is zweitens des Lieblingsgetränk von bedeutende Persönlichkeiten – zun Beispül von unsern Burgamasta und von meiner Wenigkeit!«

Joe lacht und sein Lachen geht ansatzlos in einen Hustenanfall über. Fünfundzwanzig Jahre intensives Marlboro-Rauchen haben vernehmbar Spuren hinterlassen. Joe ist offensichtlich privat Dauerkunde eines Tattoo-Studios, beruflich gesehen *Junior Assistant* des *Executive Managers* einer *Amusement-Park-Company,* also Prater-Hutschenschleuderer, und alkoholkrank. Wiewohl er die Grundlagen des Positiven Denkens inakzeptabel oder, wie er es formulieren würde, »oasch« findet, kann er doch einem Aspekt etwas abgewinnen: Nämlich jener These, die meint, man müsse Krankheit durchaus positiv sehen und damit als Chance begreifen. Schließlich sei jeder Schnupfen auch ein Entgiftungsakt und jeder Fiebertraum möglicherweise Inspiration für ein avantgardistisches Theaterstück.

So meint Joe, bezogen auf seine Alkoholkrankheit: »Kloa is mei Lebn durch die Sauferei gschissen. Owa ohne Saufen warad's no gschissener.«

Zeitsprung. Ortsveränderung.

Wir haben den Wiener Prater verlassen, denn der »stinkt nach Bier und Verbrechen und wir begegnen in ihm nur der Brutalität und dem schamlosen Schwachsinn des gemeinen rotzigen Wienertums« – jedenfalls laut Thomas Bernhard.

Bequem in einem Fiaker sitzend lassen wir uns durch den Ersten Bezirk, die Innere Stadt, fahren. Unser Kutscher ist eine Kutscherin und hört auf den schönen Vornamen Jaqueline. Jaqueline ist noch ziemlich jung und ein Kind ihrer Zeit. Obwohl sie im traditionsreichen Wiener Arbeiterbezirk Favoriten geboren wurde und den autochthonen Favoritener Familiennamen Vytlacil trägt, spricht unsere Kutscherin akzentfreies RTL-Deutsch. Das heißt, sie sagt »Tschüss!«, »Tschüssi!« oder »Tschüss-chen!«, verwendet statt »nein« das Wörtchen »ne« und erzählt, dass sie »schon mal in Wanne-Eickel war«. Und zwar auf einem »voll geilen Biker-Treffen, das ist toll gewesen und hat echt total Sinn gemacht. Denn die einzigste Freude in meinem Leben sind meine zwei Pferterln und meine Harley 1200 Costum Limited Edition B!«

Was positiv klingt, ist naturgemäß negativ zu verstehen.

Denn welche junge Dame fände es schon erfüllend, würden nur zwei Kutschpferde und ein amerikanisches Motorrad ein wenig Helligkeit in die Tristesse ihres ansonsten tiefschwarzen Alltags bringen?

So sehr Jaqueline sich also dank frühkindlichen RTL-Kinderprogramm-Schauens vom heimatlichen Sprachidiom entfernt hat, so sehr ist sie doch psychogenetisch in der tradierten Schwermut der Wiener Volksseele verhaftet: Eine echte Wienerin, die nicht untergeht, dieses Untergehen aber beständig befürchtet. Diese Grunddisposition tritt noch klarer hervor, als sie uns bei unserer Innenstadtrundfahrt im Fiaker die bedeutenden Gebäude erklärt.

Zur Hofburg merkt sie an, dass hier leider kein Kaiser mehr wohne, obwohl dies gerade von betuchten Touristen aus Oklahoma und Südostasien immer wieder vehement eingefordert werde. Das Mozarthaus in der Domgasse lässt sie aus, weil es erstens schwierig anzufahren sei und sie zweitens nicht einsehe, warum man um einen gebürtigen Salzburger hier in Wien so großes Aufsehen machen müsse. Zumal es ja, fügt sie hinzu, auch kein mit Steuergeldern erhaltenes Hans-Krankl-Haus in Salzburg gäbe. Obwohl dieser große Wiener, wie sie von ihrem Vater wisse, selbst noch im Herbst seiner strahlenden Weltkarriere Austria Salzburg mit prachtvollen Toren aus der Zweitklassigkeit heraus- und in die heimische Bundesliga hineingeschossen habe. Mozart hingegen habe nie Vergleichbares für Wien erbracht.

Vor dem Traditionsgebäude der Wiener Börse schließlich wird Jaqueline geradezu sentimental und beweist mit ihren Ausführungen auch historisches Spezialwissen.

»Das ist die Wiener Börse! 1873 hat es hier den sogenannten ›Gründerkrach‹ gegeben. Und der hat schließlich die erste echt totalmegamäßige Weltwirtschaftskrise ausgelöst! Unsere coolen Wiener Spekulanten haben damals Geschichte geschrieben!«, fügt sie nicht ohne Stolz hinzu. Um gleich darauf allerdings wieder in dunkle Schwermut zu verfallen. »Und heute? Heute müssen wir jeden halbwegs gröberen Crash aus New York oder Frankfurt importieren. Echt schade!«

Zum Abschied fragen wir Jaqueline, wie es ihr denn gehe.

»Es geht mir gut!«, sagt sie, strahlt uns an und fügt hinzu: »Die Maut war okay!« Das Trinkgeld war also hoch genug.

»Sehr schön!«, erwidern wir. »Sie wirkten auf uns ein wenig deprimiert.«

Jaqueline lacht hell auf und das Lachen klingt für unsere Expertenohren doch etwas hysterisch.

»Ein wenig deprimiert ist gut! Ich bin total mega-depressiv. Immer!«

»Wieso immer?«

»Wenn's mir schlecht geht, bin ich depressiv. Und wenn's mir gut geht, bin ich depressiv, weil ich Angst hab, dass es mir wieder schlecht gehen könnte. Klar?«

Ja, wir haben kapiert. Jaqueline hat die Grundstruktur der Wiener Psyche, wie sie sich uns in den letzten zwei Jahrhunderten in zahllosen literarischen und anderen schriftlichen Quellen offenbart, erstaunlich gut beschrieben.

Woraus aber nährt sich diese dunkle Basis der Wiener Volksseele, die der Langzeitmode des Positiven Denkens so effizient Hohn spricht? Liegt es wirklich an der psychogenetischen Weitergabe? Oder vielleicht doch an klimatischen Umweltfaktoren? Also Wasser, Licht oder Luft?

Für Letzteres spricht die Tatsache, dass man weder in Wien geboren sein, noch von Wienern abstammen muss, um diesen Grundzug des Negativen Denkens nach einigen Lebensjahren in Wien vollständig verinnerlicht zu haben.

Ein schönes Beispiel dafür liefert uns der nahezu taube Titan der Tonsetzkunst, der unvergleichliche Ludwig van Beethoven. In einem Brief soll er lautstark festgestellt haben:

»Wie auch immer das Wetter morgen sein wird, ist mir gleichgültig. Ob es regnet und stürmt oder ob die Sonne ihre wärmenden Strahlen vom Himmel sendet – für mich ist beides gleich schlecht!«

Jaqueline und Ludwig, zwei Menschen unterschiedlichen Geschlechts zu verschiedenen Zeiten lebend und doch in ihrer seelischen Grunddisposition und Geisteshaltung erstaunlich verwandt.

Er – ein Jahrhundertkomponist, für den der Geniebegriff möglicherweise überhaupt erst erfunden wurde. Sie – eine in die einstmals männliche Domäne des Fiakertums eingestiegene Droschkenlenkerin, die ihr Zeugl mit den zwei harben Rappen trefflich zu führen versteht.

Zwei Menschen – beide höchst unterschiedlich und beide höchst erfolgreich.

Durch Positives Denken? Keineswegs. Beide Persönlichkeiten konstituieren sich durch Angst und negative Zukunftserwartung. Und schöpfen gerade daraus eine Kraft, von der die stumpfsinnig grinsenden Apologeten der Positivdenkerei nicht die geringste Ahnung haben.

Uns erscheint es höchst an der Zeit, dass ein neues Lebensberatungsbuch geschrieben wird. Arbeitstitel: *Wir sind im Arsch, es geht uns gut!*

Doch jetzt zu etwas fast ganz anderem.

Satz und Gegensatz

Im Zuge des letzten, mehrteiligen Bundespräsidentschaftswahlkampfes hieß es immer wieder: Das Land sei gespalten, ein tiefer Graben trenne Van der Bellenianer und Hoferanten. Die Anhängerscharen des Grünen Kettenrauchers auf der einen und des Blauen Ikarus auf der anderen Seite würden einander in Kürze einen martialischen Kulturkampf liefern. Das idyllisch friedliche Zusammenleben auf der Insel der Glückseligen werde ein unsägliches Ende finden.

Wir glauben das nicht. Und zwar aus mehreren Gründen:

Zum einen gab es bei uns ohnehin nie diese putzige Idylle einer »Insel der Seligen«. Wann soll denn das gewesen sein? Wann, bitte, hat man bei uns jemals gesehen, dass alle einander pausenlos glücklich lächelnd in die Arme gefallen sind und immer einer Meinung waren? So etwas kennen wir vielleicht aus der Bauspar-Werbung oder wenn wir uns eine Wanderausstellung von nordkoreanischen Propagandaplakaten ansehen.

Zum anderen ist wohl gleichgeschaltete Dauerharmonie kaum etwas wirklich Erstrebenswertes. Glücklicherweise gab es bei uns immer Gegensätze und unterschiedliche Zugehörigkeitsgefühle – selbst durch enge Freundschaftsbünde und Familienverbände zogen und ziehen sich Trennlinien, weil man in vielen Teilbereichen des Lebens eben unterschiedlich orientiert ist. Und natürlich können dann Gruppierungen mit entgegengesetzter Geschmacksrichtung aufeinanderprallen: Ostbahn-Kurti-Fans gegen Hansi-Hinterseer-Apologeten, Ö1-Hörer gegen Ö-Regional-Lauscher, Schweinsstelzen-Freaks gegen Veganer.

Speziell in Wien gibt es dann auch noch Austrianer gegen Rapidler, Automobilisten gegen Fußgänger und Radfahrer gegen alle.

Der größte diesbezügliche Konflikt liegt aber schon mehr als fünfzig Jahre zurück und fand sein Finale schließlich vor Gericht.

Es geht um die weltberühmte Sachertorte. Es geht um Original und Kopie, um Durchschneiden oder Nichtdurchschneiden und es geht auch und gerade um die so essenzielle Frage der Marmeladisierung, im Konkreten, ob nur unter der Glasur oder aber eben auch mittig.

Nicht nur versierten Konditorinnen und routinierten Zuckerbäckermeistern werden die folgenden Zeilen das Blut in den Adern gleichsam gefrieren lassen. Auch engagierte Backamateure und selbst emotional scheinbar neutrale Gelegenheits-Schokoladentortenesserinnen werden sich dem Bann dieser Erzählung kaum entziehen können.

Durchgeschnitten oder nicht? Der Wiener Tortenkrieg

Wir schreiben das Jahr 1832. Staatskanzler Fürst Metternich beauftragt sein hochherrschaftliches Küchenpersonal, ein Menü für eine illustre Gästeschar zu bereiten und dieses dann mit einer feinen Tortenkreation abzurunden. Doch laut Legende wurde der Küchenchef während der Zubereitung des Diners urplötzlich krank. Die anderen Köche erklärten sich daraufhin in einer klassisch österreichischen Interpretation des biblischen Satzes »Ein jeder trage des anderen Last« unverzüglich für unzuständig. Und so sah sich der im zweiten Ausbildungsjahr stehende sechzehnjährige Küchenjunge in eine Zwangslage manövriert. Denn an ihm sollte es nun liegen, eine fabulöse Süßspeise zu kreieren. Welchen der Schutzpatrone der Konditoren der junge Sacher Franzi damals anrief, ob Honoratus von Amiens oder Jakobus den Jüngeren, ist nicht überliefert.

Fest steht jedenfalls, dass dieser Tortenschöpfung ein Erfolg beschert war, der bis heute anhält. Auch im Liedschaffen der erfolgreichsten Musikgruppe des 20. Jahrhunderts fand sie ihren Niederschlag. Denn die nach dem jungen Sacher-Buben benannte Tortenkreation wurde 1968 im Rahmen eines Friedens-Sit-ins in Wien von John Lennon und Yoko Ono verspeist, wobei beide in einem Sack saßen. Im Beatles-Song *The Ballad of John and Yoko* wurde dies folgendermaßen dokumentiert: »Made a lightning trip to Vienna / eating chocolate cake in a bag.«

Ob es sich bei dem besungenen »chocolate cake« um die original Sachertorte oder die für viele Wiener Konditorwaren-Freaks nicht minder originale Demel-Sachertorte handelte, ist für uns wissenschaftlich ohne Belang.

Interessant ist aber, dass drei Jahre vorher – 1965 – ein Wiener Gericht einen jahrzehntelangen Rechtsstreit der beiden ehemaligen k. u. k. Hoflieferanten Demel und Sacher zugunsten des Letzteren entschieden hatte. Nur das Sacher dürfe in Hinkunft und für alle Zeiten seiner Kreation die Bezeichnung »Original Sachertorte« geben, während dem Demel ebendies untersagt sei, so wurde es im Namen der Republik verkündet.

Was die angeblich unbestechlichen Jünger Justitias da entschieden hatten, löste bei eingefleischten Sacherianerinnen und Sacherianern wahre Freudentaumel aus. Den bitter enttäuschten Demelinerinnen und Demelinern hingegen schwollen die Zornesadern.

Denn dieses Urteil ignorierte ganz offensichtlich die eigentliche Schlüsselaussage dieses Prozesses, gemacht von einem ebenso unbestechlichen wie prominenten Zeugen. So sahen dies jedenfalls die Jünger des Demel, und wenn sie nicht gestorben sind, dann sehen sie es auch heute noch so.

Friedrich Torberg, Schöpfer des *Schüler Gerber* und der *Tante Jolesch*, hatte es sich als Stammgast beider Häuser – des Sacher wie auch des Demel – nicht nehmen lassen, vor Gericht zu erscheinen. Und welche eidesstattliche Aussage machte der geniale Übersetzer der Satiren Ephraim Kishons?

Zu Lebzeiten Anna Sachers, so berichtete Torberg, sei die Sachertorte *niemals* in der Mitte durchgeschnitten worden, um dann mit Marillenmarmelade gefüllt zu werden!

Genau diese Durchschneide- und Marmeladisierungspraxis unterscheidet aber heute, wie auch schon 1965, die Sachersche Sachertorte von der Sachertorte des Demel. Denn der marmeladisiert nur unter der Kuvertüre, Sacher zusätzlich eben auch tortenmittig.

Es ist unschwer zu erkennen, dass hier zwei Schulen aufeinanderprallen – These trifft Antithese. Allerdings wird es in diesem Fall, entgegen dem Gesetz der Dialektik, nie und nimmer zu einer Synthese kommen.

Trotzdem gab es nach diesem höchst umstrittenen Gerichtsurteil in der Bundeshauptstadt keine bürgerkriegsähnlichen Ausschreitungen. Zum einen, weil die Wienerinnen und Wiener seit dem Februar 1934 zwar nicht sofort, aber langfristig dann doch einen enormen demokratischen Lernprozess durchgemacht hatten. Zum anderen, weil einer qualifizierten Bevölkerungsmehrheit sowohl ein Besuch beim Demel als auch im Sacher viel zu kostspielig war.

Und so verzehrte man wohlfeile Sachertorten-Klon-Produkte in einfachen Konditoreien oder stellte selbst eine Produktvariante im hauseigenen Backofen her. manchmal sogar zweimal durchgeschnitten und mit Pariser Creme gefüllt, das andere Mal nicht durchgeschnitten, dafür mit Ribiselmarmelade unter der Glasur, anstatt der einhellig geforderten Marillenmarmelade.

Aber zurück zur Torberg-Aussage: Die 1930 verstorbene Anna Sacher war die Schwiegertochter von Franz, dem Schöpfer der Torte, und jahrzehntelang erfolgreiche Patronin des Hotels Sacher.

Wenn Torberg recht hatte und zu ihren Lebzeiten im Hotel Sacher eine der Demel-Sachertorte sehr ähnliche, weil nicht mittig durchgeschnittene Kreation dem Gast serviert wurde: Liegt da nicht der Schluss nahe, dass es *doch* der Demel ist, der das originalere Originalrezept besitzt? Zumal ja Eduard Sacher, Franzens Sohn und Annas Ehemann, bevor er zum Hotelier reifte, bei Demel als Chefzuckerbäcker wirkte und eben jene nicht durchgeschnittene Demel-Sachertorte herstellte?

Wurde also 1965 ein fatales Fehlurteil gefällt?

Nein, sagen wir. Denn wir wollen nicht noch einmal Öl ins Feuer gießen. Als Seelenforscher sehen wir uns ja gelegentlich auch als Seelentröster. Jedenfalls in unseren Mußestunden. Und Schokoladeprodukte gelten nicht zu Unrecht als Anti-Depressiva.

Dass die Sachertorte im Jahre 2003 auch noch in Graz eine zusätzliche Variante erleben durfte, das wollen wir hier schon einmal vorausdeuten. Genaueres erfahren Sie, geschätzte gebildete Leserin, wie auch Sie, lieber bemühter Leser, in jenem der folgenden Kapitel, das sich mit der steirischen Seele auseinandersetzt.

Nur so viel sei vorwegnehmend verraten: Es geht dabei um eine Spielart des Erotischen.

Seelenlandschaft TIROL: Das Heilige Land im Wilden Westen

Es kann nicht jeder aus Tirol kommen.

Dipl.-Ing. Andrä Rupprechter, österr. Landwirtschaftsminister

Seit sie des Mannes aus dem Eis ansichtig ward, ist der Welt klar, dass spätestens seit der Jungsteinzeit knorrige Männer wie der Ötzi in den Tiroler Bergen leben. Männer, die klettern können und im Regelfall bewaffnet sind. Es ist jedem Stadtfrack angeraten, sich mit diesen Bergfexen nicht anzulegen. Weder in der Schlange vor dem Schilift, noch bei der Après-Ski-Party in der Andreas-Hofer-Hütte. Denn die Eingeborenen sind wehrhaft und ein paar Watschen zügig verabreicht.

Den Wienern, sagen viele, sei nichts heilig, den Tirolern hingegen alles: die Berge, das Städtchen Kufstein, der grüne Inn, das Goldene Dachl, die Bergiselschanze, die Brettln, der g'führige Schnee, der Herrgottswinkel und die Steuerbegünstigung für Schilifte betreibende Agrargenossenschaften.

Und in der Tat finden sich besonders in der Karwoche kaum Menschen auf den Straßen des Heiligen Landes, weil alle in der Kirche sind, um zu beichten.

Warum?

Nun – die Antwort ist einfach: Zu Ostern geht die Winterfremdenverkehrssaison langsam zu Ende. In den Monaten davor wurden Gewinne gemacht, die jeder, sofern er ein echter, unabhängiger Tiroler Unternehmer ist, steuerschonend am Fiskus vorbeischleusen wird.

Aber: »Gebt dem Kaiser, was des Kaisers ist!«

So steht es ebenso bekanntlich wie auch leider im *Neuen Testament* und daraus abgeleitet wird dem tirolischen Christenmenschen seit alters her das Einhalten einer gewissen »Steuermoral« abgefordert. Ergo ist die Steuerhinterziehung für die katholische Hotelbesitzerin und den katholischen Hüttenwirt und/oder Wellnesssauna-Betreiber ein beichtpflichtiges Delikt. Selbst dann, wenn der zuständige österreichische Finanzminister ein Sozi sein sollte, was gottlob schon seit sehr langer Zeit nicht mehr der Fall war.

Weiters bedeutet Fremdenverkehr in Tirol schon seit jeher immer auch Verkehr mit den Fremden. Dieses schöne Brauchtum des vor- und außerehelichen Beischlafs steht natürlich in Widerspruch zur katholischen Leitkultur – ein Widerspruch, der allerdings im Regelfall mit dem Abbeten von sieben Vaterunser und drei Ave-Maria aufgelöst werden kann. Weiß Gott keine kleine Bußleistung, aber eine, die in diesem Umfang durchaus zurecht besteht. Schließlich handelt es sich bei der Unzucht um eine Todsünde.

Eine fahrlässige Krida im Wintersportartikelverkaufsbereich oder nicht ganz wahrheitskompatible Angebote im Hotelgewerbe, wie etwa das In-Aussicht-Stellen eines rustikalen Komfortzimmers, das sich dann als Rumpelkammer mit Matratzenlager entpuppt, sind lässliche Sünden. Hier genügt im Regelfall das Abbeten eines halben Ave-Marias oder das Einwerfen einer Euro-Münze in den Opferstock.

Diese enge Bindung an die heilige Ecclesia Catholica hält die Seelen der tirolischen Schäfchen gesund. Denn einer, der weiß, dass die Kombination aus Gewissen erforschen, Reue erwecken, einen ernstlichen Vorsatz machen und anschließendem Bußgebet jede begangene Sauerei ungeschehen macht, der braucht weder Psychoanalyse noch -therapie. Im Gegenteil: Lockeren Schritts und im besten Fall im feuerroten Ferrari wandelt er zügig durch das irdische Ziller- und Jammertal auf das ewige Elysium zu.

Vorher aber muss im »Irdischen« noch einiges in gottgefälliger Art erledigt werden: Die Berge wollen beschneit werden, auf dass der Tourischt eine wahre Freude hat, weiters will das Brauchtum gepflegt und schließlich die zünftige Hüttengaudi gewinnbringend veranstaltet sein.

Von evangelischen Tirolern und der Kaiserin »Poldi«

»Kchriass enkch Good!«, ruft uns die charmante brünette Liftwartin zu. Unsere erste Feldforschung im Tirolerland führt uns zur Talstation eines Sesselliftes in eines der zahllosen wunderschönen Täler, die von schroff aufsteigenden Felsengebirgen mindestens an zwei, im Regelfall an drei, schlimmstenfalls an vier Seiten umschlossen sind. Wir wollen den Ort, in dem wir uns gerade befinden, St. Ägyd am Ägydisattel nennen. Früher sollen hier ja auch Evangelische gelebt haben. Die wurden aber vertrieben, so wie es dem schönen uralten tirolischen Brauchtum entspricht.

Diese Glaubensvertreibungen gereichten den anfänglich Verzweifelten, weil ja der alten Heimat Entwurzelten, langfristig gesehen aber auch gelegentlich zum Vorteil. So mussten sie etwa nicht mehr an Wallfahrten teilnehmen, die ja bekanntlich auch ein Teil des uralten Tiroler Brauchtums sind. Wie etwa jene Prozessionen, die jahrhundertelang von biederen örtlichen Frömmlern für ein armes Kindlein, den »Anderl von Rinn«, veranstaltet wurden. Hintergrund für dieses angeblich gottgefällige Gedenken war eine schreckliche Legende: Der dreijährige Knabe Andreas Oxner soll am 12. Juli 1462 von ortsfremden Juden bestialisch ermordet worden sein. 1691 wurden seine sterblichen Überreste zum Zweck der Reliquienverehrung auf den Hochaltar der Kirche »Judenstein bei Rinn« übertragen. Dieses Gotteshaus hatte man über dem angeblichen »Tatort« errichtet. Jahrhundertelang wurde mit dem grausigen Mordmärchen emsig antijüdische Propaganda betrieben: von Mitgliedern des Jesuitenordens bis hin zu den Gebrüdern Grimm, die 1816 in ihrem Buch »Deutsche Sagen« auch diese tirolische Blutgeschichte veröffentlichten.

Erst 1994 – aber immerhin doch! – hob der Innsbrucker Bischof Reinhold Stecher die Wallfahrt auf, ließ die »Judenstein Kirche« in »Mariä Heimsuchung« umbenennen und verbot den Anderl-Kult. Längst hatten historische Forschungsergebnisse die ganze Geschichte als reines Hirngespinst entlarvt.

Aber zurück zu den Tiroler Evangelischen: Von diesen landeten viele auch in Brasilien, vor allem, als dort die Kaiserin »Poldi« in Amt und Würden war.

Maria Leopoldine, dies sei hier als Exkurs angemerkt, war die

Tochter jenes Habsburgerkaisers Franz I., der den Hofer Anderl in dessen Freiheitskampf wider die mit dem Bayerngesindel verbündeten Franzmänner so schmählich im Stich gelassen hatte. Und sie war die Schwester des 1848 abgedankten Kaisers Ferdinand. Der trug den Beinamen »der Gütige«, wurde aber, wie allgemein bekannt, jedenfalls von seinen Wiener Untertanen, statt »Ferdinand der Gütige« gerne »Gütinand der Fertige« genannt. Wen wundert es also, dass die junge Prinzessin bei dieser Verwandtschaft zügig das Weite suchte und fand? Doch die Arme kam vom Regen in die Traufe: Ihre Ehe mit dem portugiesischen Kronprinzen Don Pedro geriet zur Hölle. Zwar konnte Maria Leopoldine in den ersten Ehejahren noch positiven Einfluss auf ihren reichlich ungebildeten Gemahl nehmen, dessen Vater dem rüden Bengel die Regentschaft über die damalige portugiesische Kolonie Brasilien übertragen hatte. Doch nachdem Brasilien auf Betreiben der Habsburgerprinzessin die Unabhängigkeit erhalten hatte und Leopoldine und Pedro zum brasilianischen Kaiserpaar gekrönt worden waren, erwies sich der portugiesische Tölpel nicht nur als erbärmlicher Dummkopf, sondern auch als permanenter Fremdgeher und unberechenbarer Gewalttäter. Bei den Untertanen erfreute sich Pedro eines denkbar schlechten Rufs.

Und so hielt sich auch mehr als 180 Jahre lang das Gerücht, der frühe Tod der brasilianischen Kaiserin mit noch nicht dreißig Jahren sei auf eine Misshandlung zurückzuführen, die der Hochschwangeren von ihrem blaublütigen Gemahl zugefügt worden war. Jüngste Erkenntnisse der forensischen Gynäkologie belegen aber, dass dies nicht stimmen dürfte. Bei der Exhumierung des Leichnams konnten keine Knochenbrüche oder andere Hinweise auf Gewaltanwendung festgestellt werden. Die untersuchenden Fachleute gehen davon aus, dass die Kaiserin bei der Niederkunft ihres achten Kindes in nur zehn Jahren eines natürlichen Todes gestorben ist – erschöpft durch Gebärwehen, extreme Hitze und Infektionen.

Vor ihrem Tod hatte »Kaiserin Poldi«, wie sie der biedermeierliche Wiener Volksmund liebevoll nannte, nicht nur eine Reihe von österreichischen Naturwissenschaftlern in ihre neue Heimat eingeladen, sondern eben auch etliche Tiroler Familien, die wegen ihrer protestantischen Glaubensverirrungen in der alten Heimat nicht mehr wohlgelitten waren. Deshalb gibt es heute noch immer tirolische Brauchtumspflege unter südamerikanischer Sonne: Man spielt mit Knöpferlharmonika, Zither und Hackbrett und singt dazu in einem Urtiroler Dialekt, den selbst die »Schürzenjäger« nur höchst rudimentär verstehen würden.

Die Vorzüge brasilianischer Karnevalsgestaltung gegenüber tirolischem Fastnachttreiben dürften aber bald akzeptiert worden sein. Jedenfalls konnten wir bei unseren umfassenden Recherchen zum Thema »Karneval in Rio und Umgebung« keine Samba tanzenden Perchten Imster oder Landecker Ursprungs entdecken.

Von Gastarbeitern und Alpinsprachkursen

Doch zurück zu unserer brünetten Liftwartin, die uns eben so charmant begrüßt hat. Sie heißt eigentlich Pamela, will aber »Zenzi« genannt werden. Auch hier können wir wieder eine schöne Parallele zwischen Tirol und Brasilien entdecken. Denn wie die brasilianischen Fußballstars legen sich auch die jungen, im Tourismusgewerbe tätigen Tirolerinnen und Tiroler, also so gut wie alle jungen Tirolerinnen und Tiroler, Künstlernamen zu. Wie überall sonst in Österreich heißen auch in Tirol die jungen Damen Selina, Jennifer, Laura oder Pamela und die jungen Herren Lukas, Markus, Marcel oder Kevin. Im Tourismusbereich nennen sich aber alle Zenzi oder Hias. Dies erwartet der Gast, das haben zahllose Studien der Tiroler Tourismusforschung ergeben.

Auch einer weiteren touristischen Erwartungshaltung wird man da und dort noch immer gerecht, etwa, wenn ein in den fernöstlichen Künsten des *Reiki* oder *Qi-Gong* ausgebildeter Heilmasseur seine Honorarnote mit den berühmten drei Kreuzerln signiert. Auch das ist Dienst am Kunden und keineswegs Ausdruck mangelnder Alphabetisierung der autochthonen Bevölkerung. Denn allen breit angelegten Analphabetisierungskampagnen der *Tiroler Krone* zum Trotz sind die tirolischen Menschen heutzutage nicht nur flächendeckend der schriftlichen Ausdrucksform wie auch der Grundrechnungsarten mächtig, sie besitzen darüber hinaus auch in hoher Zahl akademische Titel. Vom Landdiskothekenbereich bis hin zu den entlegensten Hochgebirgsliftstations-Regionen wimmelt es hierorts geradezu nur so von Tourismus-Bachelors und BWL-Masters. Aber den Gästen wird hier durchaus noch eine atavistische Knorrigkeit vorgegaukelt. Denn die Winterurlauber aus Amsterdam, Berlin oder Moskau kennen uralte Heimatfilme aus den 1950er- oder alpine Lustspiele aus den 1970er-Jahren. In denen zeichneten sich die Einheimischen nicht durch feinsprachliche Dialektik und hundertprozentige Konjunktivsicherheit aus, sondern eher durch schlichte Geradlinigkeit und geschickt vorgetäuschte Herzenswärme. Urlauberinnen und Urlauber erwarten sich also auch heute noch von den Einheimischen in Momenten besonders effektiver Zweisamkeit keinen faustischen Ausbruch wie »O Augenblick, verweile doch, du bist so schön!«, sondern eher so etwas wie: »Leckch mich am Arsch! Das war super!«

Und derartige Sprachpatterns werden auch regelmäßig korrekt abgeliefert.

Forscher wie wir haben aber natürlich ganz andere, eben rein akademische Interessen, und dies konnten wir unserer Pamela vulgo Zenzi sowohl durch schlüssige Argumentation als auch durch den Transfer eines Fünfzig-Euro-Scheins überzeugend klarmachen. Pamela erklärte sich bereit, auf unsere Fragen wahrheitsgemäß zu antworten, was sie mit folgenden Worten bestätigte:

»Aber klar doch! Fragen Sie mal!«

Pamela hatte bei diesen Worten auch bereits den gutturalen tirolischen Akzent abgelegt, den sie sich im Sommer auf einer Alm von einer als Sennerin tätigen Native Speakerin im Rahmen eines hochalpinen Sprachseminars in mühevoller Kleinarbeit beibringen hatte lassen. Denn Pamela ist als Saisongastarbeiterin tätig und stammt eigentlich aus Pissen in der ehemaligen DDR. Pissen ist ein Ortsteil des entzückenden Städtchens Rodden, das selbst wiederum zu Silvester 2009 in die malerische Stadt Leuna eingemeindet wurde.

Es sind ja nun schon seit Jahren viele »Ossis« in den österreichischen Alpinregionen in der Tourismusbranche tätig. Doch wirklich gut verdienen tun nur jene, die sich erfolgreich als Einheimische tarnen können.

Pamela fällt das leicht:

»Ich studiere Arabistik in Berlin. Und von der gutturalen Konsonantenlautbildung her erinnert das Tirolerische doch sehr an das Hocharabische! Dabei sind die zwei Sprachen natürlich nich Jacke wie Hose!«, fügt sie erklärend hinzu. »Denn das Tirolerische kommt nicht an die phonetische und schon gar nicht an die semantische Ausdrucksvielfalt des Hocharabischen heran. Aber in den Kehllauten klingt es sehr ähnlich!«

Und Pamela hat für uns auch gleich eine Lektion bereit, wie wir uns das tirolische Idiom aneignen können.

Der Übungssatz lautet:

»Großkopferte Knechte kosten krachend knackige Knödel mit kostspielig grausigem Kümmelbrand.«

Sollten Sie, liebe hochsprachbegabte Leserin, und Sie, lieber eifriger Leser, Lust verspüren, sich ebenfalls den tirolischen Akzent anzueignen, so folgen sie dem folgenden lautmalerischen Muster für den oben stehenden Übungssatz.

»Kchroßkchopferte Kchnechte kchoschten kchrachchend kchnackchige Kchnödel mit kchoschtspielig kchrauslichen Kchümmelbrand.«

Und? Stellt sich der Erfolg schon ein? Na sehen Sie! Es ist doch gar nicht so schwer, wie ein echter Schröcksnadel zu klingen, wenn man sich nur ein bisschen anstrengt.

Seelenlandschaft NIEDERÖSTERREICH: Fünf Vierteln für ein Land

I feel fine in Heidenreichstein.

Bluespumpm, Austroblueslegende

»Lower Austria« heißt das Ganze auf Englisch. Böse Zungen behaupten, dies träfe trefflich zu, denn »tiefer« als in Niederösterreich gehe es ohnehin nicht mehr. Das freilich ist im besten Fall ein fataler Irrtum, im schlimmsten Fall eine böswillige Unterstellung, in jedem Fall aber blühender Unsinn. Seit gut dreißig Jahren geht es mit und in Niederösterreich stetig steil bergauf. Klarer äußerer Indikator dieses geradezu unfassbaren Aufschwungs ist die Tatsache, dass das Land sich kühn über alle Gesetze der Mathematik hinwegsetzt. Denn jahrhundertelang bestand auch dieses Bundesland wie der Liter, das Kilo oder auch Oberösterreich aus lediglich VIER Vierteln. Seit geraumer Zeit aber besitzt es deren fünf – neben den traditionellen Wald-, Wein, Most- und Industrieviertel auch noch ein neues, eben das FÜNFTE Viertel, den sogenannten »Zentralraum«. Der umschließt die Wachau, das Tullner Feld und St. Pölten. Und ebendieses St. Pölten hat sich im letzten Vierteljahrhundert als DAS Schwungrad für den Fortschritt in »Lower Austria« erwiesen.

Dem Mutigen graut selten

Die St. Pöltner sind stolz. Und wie lebenserfahrene Menschen wissen, sollte man sich mit Stolzen nicht anlegen. »Don't mess with the Saint Polteners!«, würde etwa ein Globetrotter aus New York sagen, sofern er jemals hierhergekommen wäre. Was durchaus nicht auszuschließen ist, denn, Hand aufs Herz: Ist nicht jeder von uns schon einmal in den falschen Zug eingestiegen? Um dann irgendwo im Niemandsland zu landen? Im Regelfall an einem Ort, wo man weiß Gott niemals hätte sein wollen?

»Don't mess with the Saint Polteners!«

Diesen wesentlichen Satz hat sich in den 1960er-Jahren eine

junge ORF-Fernsehansagerin leider nicht zu Herzen genommen. Und so musste sie die Konsequenzen tragen.

An dieser Stelle scheint es geboten, den jüngeren Mitgliedern unserer Lesergemeinde zu erklären, was denn das nun sei, eine *Fernsehansagerin.* Nun, Fernsehansagerinnen waren bis in die 1980er-Jahre so etwas wie die »Hosts«, also die Gastgeberinnen der Fernsehsendeanstalten für ihr Publikum. Diese Damen begrüßten artig die Zuschauer, die sich in großer Zahl vor den Fernsehschirmen eingefunden hatten, um mangels Alternative mit freudiger Erregung dem Programm des jeweiligen öffentlich-rechtlichen Senders in Deutschland, der Schweiz oder Österreich beizuwohnen. Neben der formvollendeten und warmherzigen Begrüßung hatte die Fensehansagerin auch die Aufgabe, zu geeigneter Stunde zu erzählen, was der Sender an diesem Abend denn an Programminhalten auszustrahlen gedenke. Wiewohl ihr Berufsanforderungsprofil objektiv gesehen nur die Kenntnis elementarer, im Regelfall bereits nach vier Klassen Volksschule erworbener Kulturtechniken erforderte, zeichneten sich diese Damen meist durch enorme Bildung aus, gelegentlich gar gekrönt durch einen akademischen Abschluss. Zu diesen sozusagen inneren Werten gesellten sich äußere: charmantes Auftreten, liebreizendes Lächeln und geradezu modelhaftes Aussehen.

Eine sehr junge Vertreterin der Spezies Fernsehansagerin hat damals, es muss 1967 oder 68 gewesen sein, als bekennende Freundin des Schüttelreims eine waghalsige Aktion gesetzt. Für jene, die in der Technik der Gebrauchspoetik nicht allzu firm sind, sei hier das Prinzip des Schüttelreims anhand dreier illustrativer Beispiele sozusagen selbsterklärend erläutert:

»Man hört vor den Autobahnbaustellen
sehr oft die Hunde im Stau bellen!«

Oder:

»Ich find die Rockband *Wanda* krasser
trink beim Konzert ich Granderwasser!«

Oder einer der weltweit kürzesten Schüttelreime, vor Jahrzehnten schon vorgetragen von unserem gemeinsamen Freund, dem

Kafka-Experten Dr. Erich Demmer, der dieses kleine Opus allen Schwammerlsuchern widmete:

»Wo bist, Bovist?«

Nach dieser Weise hatte die junge Fernsehansagerin in ihren Mußestunden einen Schüttelreim gefertigt und wollte diesen nun einer ausgewählten Klientel zu Gehör bringen. Sie ging dabei offensichtlich von der Annahme aus, dass um 23 Uhr 55, unmittelbar bevor als Zeichen des Sendeschlusses die Staatsflagge formatfüllend im Bild flattern und dazu die Bundeshymne erklingen würde, nur noch Bohemiens und damit kaum St. Pöltener vor den Fernsehgeräten sitzen würden. Die junge Dame zählte auf ein humorvolles, aufgewecktes und kunstsinniges Publikum, das ihren kleinen Schüttelreim goutieren und quasi als literarisches Betthupferl akklamieren würde. – Weit gefehlt.

Der Schüttelreim, den sie zum Vortrag brachte, lautete:

»Dem Mutigen bangt selten. Sag: Warum graut dir vor Sankt Pelten?«

Ein harmloses, durchaus hübsches poetisches Kleinod, sollte man meinen. Gut – beckmesserische Besserwisser mochten einwenden, die »e«- und »ö«-Ungenauigkeit sei eine inakzeptable Reimunreinheit. Allein, sie hat klassische Tradition. Erinnert sei hier an zwei Zeilen der Schiller-Ballade »Der Ring des Polykrates«, die da lauten:

»Dies alles ist mir untertänig,
sprach er zu Ägyptens Kenig.«

Na bitte.

Doch es war ohnehin keineswegs der unreine Reim, der viele der Traisenstädter vor Zorn erbeben ließ und die Kundendienst-Telefone des ORF noch in derselben Nacht und in den Tagen darauf zum Dauerklingeln brachte. Mit großem Erstaunen musste man feststellen, dass offenbar halb St. Pölten zu solch nachtschlafener Zeit noch vor dem Fernseher gesessen hatte. Oder aber, dass relativ wenige Zuschauer die als Beleidigung empfundene Nachricht, jemand sei auf die Idee gekommen, es könne einem vor St. Pölten grauen, lauffeuerartig in der ganzen Stadt verbreitet und damit kollektive Empörung ausgelöst hatten. Auf die Telefonattacken folgte ein Postkarten-Shitstorm an das Sonderpostamt des ORF, das ansonsten hauptsächlich mit dem Empfang der »Kasperl-Post« beschäftigt war.

Die St. Pöltener Empörungsaufwallung zeigte Wirkung. Die damaligen ORF-Entscheidungsträger taten das, was ihre Vorgänger und Nachfolger im Regelfall auch zu tun pflegten: Sie bewiesen Rückgrat von der Konsistenz eines Gabelbissens und die Fernsehansagerin wurde entlassen.

St. Pölten hatte machtvoll aufgezeigt. Doch seine große Stunde sollte noch kommen. Etwa zwanzig Jahre später.

Die Traisenmetropole

Vor etwa dreißig Jahren hatte der niederösterreichische Landesvater Siegfried Ludwig eine bombige Idee: Das Land braucht eine Landeshauptstadt! Mit dem Instinkt einer mehrheitlich gewählten Mischung aus Vollblutpolitiker und Volkstribun war ihm gefühlsmäßig klargeworden, dass die alte Habsburger- und Residenzstadt Wien als Sitz der Niederösterreichischen Landesregierung und auch als Landeshauptmannssitz völlig ungeeignet war. Selbstbewusst war es geworden, das alte Bauernland rund um Wien. Und gerade dieses neue Selbstbewusstsein sollte in seinem weiteren Wachstum nicht durch einen phylogenetisch weitergegebenen, kollektiven Minderwertigkeitskomplex behindert werden. Einen Minderwertigkeitskomplex, den wir Seelenforscher als »Hauptstadtneid« bezeichnen, in Ableitung des Freudschen Begriffes vom »Penisneid«. Dazu kam, dass vielen Niederösterreichern das moderne Wien unheimlich geworden war: Den Retzern war es zu rot, den Gmündern zu grün, den Fischamendern zu fancy und den Muckendorfern zu megacity-mäßig. Und sie alle zusammen waren irritiert von neuen Wiener Gebäuden wie der Moschee, der UNO-City oder der Rosa Lila Villa. Für Ludwig, den Stifter, wie dieser große Perchtoldsdorfer Renaissancelandesfürst heute weltweit in ÖVP-Kreisen genannt wird, war klar, dass eine Heimholung der niederösterreichischen politischen Schaltstellen aus Wien unabdingbar war. Und dies war nur durch die Schaffung einer Metropole im eigenen Land möglich.

Motiviert durch den Weltklassewerbeslogan »Ein Bundesland ohne Landeshauptstadt ist wie ein Gulasch ohne Saft« schickte sich das Volk zu einer Abstimmung an. Die Mehrheit der Niederösterreicher fand die ideal zu ihr passende Metropole nicht in den alten Babenberger-Residenzen Tulln oder Klosterneuburg und auch nicht in der Weinstadt Krems oder im für niederösterreichische Verhältnisse schon recht südländischen Wiener Neustadt.

Nein, der Volksentscheid erwählte die Glanzstofferzeugungs- und Traisenmetropole St. Pölten.

Und Ludwig, der Stifter, lud die besten Tischler, Glaserer, Schlosser, Tapezierer, Maurer und Gerüster des Landes ein. Auf sein Geheiß hin sollten diese Titanen der Handwerkskunst nach den Plänen gottbegnadeter Architekten und versehen mit den Segnungen der heiligen Mutter Kirche ein städtebauliches Modernisierungswerk in Angriff nehmen, wie man es an den Gestaden der Traisen noch nie zuvor gesehen hatte.

Ein neues Matriarchat gegen alte Phallussymbole?

Wir haben einen Gesprächstermin hier im St. Pöltner Kultur- und Regierungsviertel, das in seiner abstrakten Kühnheit der Formgebung und auch in der Verwendung der Materialien Beton, Stahl und Glas verblüffend an Brasilia erinnert. Und in der Tat hat diese St. Pöltener Satellitenstadt mit der brasilianischen Hauptstadt noch etwas gemein: Nach Büroschluss wirken die herrlichen Plätze und Boulevards seltsam menschenleer. Was manchen vereinzelten Besucher irritieren mag, aber einfach zu erklären ist: Kein Mensch wohnt hier und kein Mensch kommt freiwillig außerhalb der Geschäftszeiten hierher, ergo ist auch keiner da. Halt, nein! Ganz so stimmt das nicht: Denn in der Theatersaison strömen nahezu täglich mehrere Hundert Freundinnen und auch ein paar Freunde des klassischen Balletts oder auch solche des Modern Dance an den Spieltagen des

Festspielhauses von der Parkgarage in ebendieses und nach Ende der Vorstellung wieder retour ins Parkhaus. Zu einer nachhaltigen Belebung des lokalen Abend- und Nachtlebens führt dies freilich aber auch nicht.

Als in den 1990er-Jahren nach Eröffnung des St. Pöltener Kultur- und Regierungsviertels diese Menschenleere im neu errichteten Renommierbereich der frischgebackenen Landeshauptstadt höheren Orts unangenehm ins Auge stach, soll es Gerüchten zufolge einen interessanten Plan gegeben haben. Man wollte in den recht ausgedehnten »toten Zeiten« den Boulevards und Plazas Leben einhauchen – und zwar mit Statisten! Langzeitarbeitslose beiderlei Geschlechts sollten als japanische Touristen den Klangturm fotografieren, im Stil zugereister Waldviertler in einem Schanigärten ehrfürchtig ihr erstes Kiwi-Eis essen, als Straßenmusikanten verkleidet niederösterreichische Volkslieder singen und spielen oder wenigstens auf einem Kamm blasen. Höhergebildete sollten lautstark Streitgespräche über das Werk des aus Wiener Neustadt gebürtigen und in Gablitz verstorbenen Philosophen Ferdinand Ebner führen. Und wegen Bruch des Zölibats entlassene Priester waren ausersehen, in fingierten Rotlichtbars mit einem Gläschen Messwein einen Toast auf den damals amtierenden Bischof und Amateurboxer Kurt Krenn auszubringen, den Faustkämpfer Gottes.

Ob dieses Projekt nun tatsächlich in Erwägung gezogen wurde oder, was wahrscheinlicher ist, den kranken Gehirnen überbezahlter Staatssatiriker entsprang, wir wissen es nicht. Wir finden es aber schade, dass es nicht realisiert wurde. Denn ist es nicht besser, ein arbeitsloser Tankwart spielt als Statist in einem nicht belebten Stadtviertel einen überbeschäftigten Tankwart, als dass er zur FPÖ geht und dort Lobbyist wird?

Aber zurück zu unserem Gesprächstermin.

Wir befinden uns im Schatten des Klangturms im Schanigarten einer echten niederösterreichischen Sushi-Bar. Deren Name klingt zwar etwas chinesisch – sie heißt »Jauer-Ling«, aber die Qualität des Sashimi aus Traisener Zackenbarsch und die echten Mostviertler Blunzen-Maki entschädigen für diesen kleinen Fauxpas.

Partnerin bei unserem Gesprächstermin ist eine der zahllosen Winzerköniginnen des Landes. Sie hört auf den schönen Wachauer Traditionsnamen Jennifer und trägt weder Goldhaube noch Dirndl.

»Welche Qualifikationen mussten Sie vorweisen, um das schöne Ehrenamt der Winzerkönigin bekleiden zu dürfen?«, fragen wir listg und lustig.

»Als Winzerkönigin braucht man keine speziellen Qualifikationen«, erwidert die junge Dame ruhig und sachlich.

»Das dachten wir uns!«, meinen wir mit sanfter Ironie, während ein süffisantes urbanes Lächeln unsere Lippen umspielt. »Sie haben aber sicher den A-Zug-Abschluss in der Hauptschule, gell? Vielleicht sogar die dreijährige Handelsschule absolviert? Nicht wahr, Jennifer?«

»Frau Mostbichler«, erwidert unsere Gesprächspartnerin mit merklicher Kühle in der Stimme. »Ich kann mich nicht daran erinnern, dass wir bereits Geschwisterschaft getrunken hätten!«

Geschwisterschaft statt Bruderschaft? Sollten die Irrlehren des Feminismus bereits bis in die dunkelsten Weinkeller der Wagramregion vorgedrungen sein?

»Entschuldigen Sie, Frau Mostbichler«, erwidern wir kleinlaut.

»Frau Magistra Mostbichler, so viel Zeit muss sein!« Die Winzerkönigin hat wieder ihr smartes Winzerköniginnenlächeln aufgesetzt. »Um auf Ihre Frage zurückzukommen: Ja, ich habe einen Hauptschulabschluss. Danach habe ich mich in der HBLA in Klosterneuburg zur Kellermeisterin und dann an der Uni Wien zur Juristin ausbilden lassen. Derzeit arbeite ich im mütterlichen Winzerbetrieb und studiere nebenbei Internationale Betriebswirtschaft. Unser Wein muss international vermarktet werden. Darum lerne ich gerade mit Japanisch meine fünfte Fremdsprache. Sonst noch Fragen?«

Ja, wir hätten noch jede Menge vorbereiteter Fragen in petto. Etwa, wie man sich als junges Mädchen in der rauen Männerwelt der Winzer fühle; oder ob sie genug Englisch könne, um als Winzerkönigin bei der Retzer Weinmesse auch fremdländische Gäste zu begrüßen; und ob sie ordentlich aufgeklärt worden sei über ihre persönlichen Urheberrechte, wie das Recht auf das eigene Bild; und ob sie ...

Nun ja, wir legen den vorbereiteten Fragenkatalog klammheimlich beiseite und führen ein kurzes Scheingespräch über Simone de Beauvoir, Susan Sonntag, Alice Schwarzer und andere Titaninnen des Feminismus.

Abends sitzen wir dann zu zweit in einer St. Pöltner Innenstadtbar und stürzen ein Achtel nach dem anderen hinunter. Im Regelfall gehören wir ja zu jenen, die den Alkohol-Abusus ablehnen, auf das Schärfste verurteilen und scharfzüngig geißeln.

Doch im Leben eines echten ostösterreichischen Mannes gibt es Momente, in denen er die Nähe zweier Freunde braucht. Der erste ist ein geschätzter Arbeitskollege, der zweite ein Grüner Veltliner. Der, den wir jetzt gerade trinken, schmeckt uns ganz hervorragend. Es ist ein Cuvée aus unterschiedlicher Rieden, gemeinsam gekeltert von vier erfolgreichen niederösterreichischen Winzerinnen.

»In Niederösterreich gibt es um die vierzig stolze Lagerhaustürme, die ihre langen Schatten auf traditionsreiche Kirchtürme werfen! Dazu kommen ganz neue herrliche Profanbauten wie der St. Pöltner Klangturm oder der Grafenegger Wolkenturm!«, sagt einer von uns beiden bereits mit leichtem Zungenschlag.

»Jawohl, vollkommen richtig!«, fügt der andere von uns hinzu, nimmt einen weiteren Schluck und fährt dann fort: »Alle diese Türme sind selbstverständlich durch die Bank herrliche Phallussymbole! Und damit Zeichen eines seit Jahrtausenden triumphierenden Patriarchats!«

»Phallussymbole einer zu Ende gehenden Epoche, fürchte ich«, erwidert der eine von uns und quetscht sich verstohlen eine Träne aus dem rechten Schlupflid.

»Ach was!«, meint der andere und macht eine wegwerfende Handbewegung. »Das niederösterreichische Patriarchat ist unüberwindbar! Denken wir doch nur zurück bis in unsere frühe Geschichte! Die Kuenringer zum Beispiel! Herrliche Burschen!«

»Herrliche Burschen? Das waren Raubritter!«

Der eine von uns beiden bellt diese Worte geradezu heraus.

»Reine Polemik!«

Der andere von uns beiden schüttelt jetzt missbilligend den Kopf.

»Was heißt Polemik?! Die Kuenringer haben eine Kette über die Donau gespannt und von den Schiffseignern Geld erpresst, damit diese weiterfahren durften!«

»Na und?! Der Hadmar und der Leutolt haben eben eine Wasserverkehrsstraßenabgabe eingehoben. Ganz normale Sache. Donaupickerl hat es damals eben noch keines gegeben. Die ASFINAG kassiert *am Tag* das, was die Kuenringer in *ihrem ganzen Ritterleben* eingestreift haben!«

Jetzt nickt auch der eine von uns und meint:

»So gesehen waren das wirklich klasse Burschen, die Kuenringer. Eine Kette spannen, sich in die Sonne legen, nichts hackeln und abkassieren!«

»Genau! Kein weibliches Wesen würde auf so eine geniale Idee kommen!«

»Und deshalb hast du recht. Das Patriarchat wird ewig bestehen. Auch in Niederösterreich.«

Unbemerkt von uns hat sich die Kellnerin herangepirscht.

»Meine Herren – ich muss Sie jetzt bitten zu zahlen. Wie ich schon gesagt habe: Der Tisch ist ab 21.00 Uhr besetzt. Und es ist jetzt 21.00 Uhr«.

Während wir nicken und die Brieftaschen zücken, stellt die Kellnerin eine etwa dreißig Zentimeter hohe Steinfigur auf den Tisch.

»Warum stellen Sie denn da jetzt die Venus von Willendorf hin?«

»Ah – gebildete Herren!«, meint die Kellnerin anerkennend. »Ja – die Venus ist das Maskottchen von unserem Jägerinnenstammtisch, den Willendorferinnen, wie sie sich selbst nennen.«

Als wir das Lokal verlassen, kommen uns sieben Damen in Jagdkleidung entgegen. Alle führen Bockflinten mit sich und tragen Lodenhüte mit überdimensionalen Gamsbärten.

Wir zwei sehen einander schweigend an.

Drei Minuten später sitzen wir in unserem kleinen beigefarbenen Kia Rio. Es entspinnt sich ein nachdenklicher Dialog.

»Die Venus von Willendorf ist vermutlich eine matriarchale Fruchtbarkeitsgöttin.«

Wir seufzen. Dann sprechen wir weiter.

»Ein Wahnsinn! Sie bewaffnen sich bereits, die Flintenweiber. Kommt jetzt das Matriarchat, um Gottes Willen?«

»Aber woher denn! In der ÖVP wirst du nicht einmal Gemeinderat, wenn du nicht mindestens einen Riesenbock geschossen hast. Das gilt auch für Frauen!«

»Richtig, aber – – was ist, wenn eine von denen Landeshauptfrau wird? Haben wir dann das Matriarchat?«

»Aber nein. Die seinerzeitige Frau Landeshauptmann in der Steiermark war auch mehr eine Patriarchin als eine Feministin!«

Seelenlandschaft STEIERMARK: Querdenker im Lodenjanker

In Graz ist nur der Stumpfsinn zu Hause.
Ich verstehe nicht, dass es Leute gibt,
die von Graz begeistert sind.

Thomas Bernhard, Schriftsteller

Was haben wir uns nicht schon für blödsinnige Witze über das Steirervolk anhören müssen! Vor allem über dessen Dialekt:
Beispiel 1: Will man einen Steirer bellen hören, was muss man dann tun? Man müsse zu ihm nur sagen: »Schau, Wahnsinn! Da drüben geht die Lady Gaga! Und sie hat eine Burka an!« Statt »Wo? Wo?« zu fragen würde der Steirer so etwas wie »Wou? Wou?« von sich geben. Und damit ein Klangbild abliefern, welches an das Gekläffe eines Pinschers erinnere.
Beispiel 2: Im Namen welcher steirischen Stadt kommen hintereinander alle Vokale vor? Antwort: Leoben. Denn ist man auf dem dortigen Bahnhof angekommen, klingt einem als Stationsansage kein »Leoben« entgegen. Man höre vielmehr, behaupten einschlägige Witzerzähler, ein Lautgemenge, das zwischen den Konsonanten L und M eine chronologische Aneinanderreihung aller Vokale beinhalte – »Laeioum«. Vorausgesetzt, ein echter Native Speaker macht die Bahnhofsansage und nicht Chris Lohner.
Dabei unterscheiden sich die Steirer gar nicht so sehr durch die Sprache von Restösterreich, sondern durch alles andere.

Quer- und Verquerdenker

Die Steirer haben ihre Tracht zum Salonsteirer kultiviert, einen »Terminator« und kalifornischen »Governor« in Personalunion gestellt sowie Österreichs bisher einzigen Literaturnobelpreisträger hervorgebracht, und das noch dazu in Gestalt einer Frau. Dazu kommen kulinarische Schöpfungen wie das steirische Backhendl, das sich vom klassischen Wiener Backhuhn in erster Linie durch das Adjektiv »steirisch« unterscheidet. Aber es gibt auch eine ganze Reihe von unverwechselbaren Kücheneigenständigkeiten, zu denen etwa das legendäre Kernöldressing, der Käferbohnensalat oder die von feigen Fremdlingen gern gemiedene Klachlsuppe zählen. Im Bereich des gehobenen Genussalkoholismus muss hier auch noch besonders auf den Schilcher hingewiesen werden, der uns in den letzten Jahren an gutsortierten Hotspots der Hautevolee nicht nur als rosafarbener Wein, sondern auch als Sekt gegenübertritt.

Weiters verdanken wir der Steiermark auch den lustigsten Parteigründer des Landes: Frank Stronach, der repatriierte kanadische Milliardär mit dem Geburtsort Kleinsemmering und dem ursprünglichen Namen Franz Strohsack, formte ein Team von Politgiganten um sich, neben denen selbst Baumeister Richie Lugner wie ein zivilisierter Vertreter humanistischer Lebensart wirkt. Inzwischen hat Frank seinen Rückzug aus der Politik angekündigt – und gleich auch den seines Teams. Die edelsten und klügsten Abgeordneten dieser fantastischen Wertegemeinschaft sind aber schlauerweise schon vor dieser Ankündigung des Chefs rechtzeitig zum ÖVP-Club übergelaufen. Und hoffen, sich damit offensichtlich auch in Zukunft ihr Nationalratsabgeordnetengehalt sichern zu können. Nur Robert Lugar, dem Inschinör, war möglicherweise der Aufnahmetest bei den Christdemokraten doch etwas zu schwör.

Eingefädelt hatte das schräge Geschäft angeblich Reinhold Lopatka. Und der ist zwar schwarz wie Ebenholz, stammt aber aus der grünen Mark, ist also ein waschechter Steirer mit polnischem Migrationshintergrund. Ein Steirer könnte also einem anderen Steirer die Abgeordneten abspenstig gemacht haben. Oder: Ein Strohsack wurde auf die Schaufel genommen. (*Lopatka* heißt auf deutsch *Schäufelchen*.)

Aber wie gesagt: Dieses Quer-, aber eben auch das Verquerdenken scheint den Steirern tatsächlich in die Wiege gelegt. Das kann, wie etwa bei Elfriede Jelinek, zu hochkomplexen Textkonstruktionen führen oder, wie bei Nikolaus Harnoncourt, zu tiefgreifenden Neuinterpretationen barocker Meisterwerke durch das Verwenden historischer Originalinstrumente. Es kann auch, wie bei Arnold Schwarzenegger, einerseits zu einem grotesken Übertrainieren der

Muskulatur und des Karrierewillens führen, was man lächerlich finden mag. Andererseits aber auch zu einem Langzeit-Engagement für behinderte Menschen, dem wir gerne unsere Anerkennung zollen.

Was wollen wir damit sagen? Richtig! Das steirische Quer- und Verquerdenken kann durchaus zu beachtlichen Leistungen führen, die unsere Anerkennung, wenn nicht gar Bewunderung verdienen.

Aber natürlich kann es auch so seltsame Bocksprünge evozieren, wie sie von Leuten wie Stronach oder Lopatka in unschöner Regelmäßigkeit leider auch vollführt werden. Denn wenn von ethischen Werten geredet und dabei nach den Prinzipien der Macht- und Profitmaximierung gehandelt wird, dann bleibt vom Verquerdenken nichts Sympathisches mehr übrig.

Aber vergessen wir diese Schattenseiten - kehren wir frohgemut zurück ins Licht der steirischen Sonne und widmen wir uns der Antwort auf die Frage: Woher haben die Steirer diesen Hang zum Schrägen und Unkonventionellen?

Einmal mehr soll uns auch in diesem Fall eine Feldforschungsreise Klarheit bringen.

Des Aarnochs Heimat

»Schuld daraun is natirlich der Aarnoch!«

Hans lächelt breit, als er das sagt. Wir sitzen auf der Terrasse seines Einfamilienhauses und essen Forellen. Die haben wir in der unweit vorbeiströmenden Mürz gefangen, wo wir seit dem frühen Morgen mit Fliegenfischen beschäftigt waren. Also, eigentlich haben wir das ganze späte Mittagessen Hans zu verdanken. Denn trotz seiner hervorragenden Anleitung konnten wir uns diese komplexe Angeltechnik in so kurzer Zeit natürlich nicht aneignen.

Fliegenfischen ist an sich schon schwierig. Und Seelenforscher wie wir sind in all jenen Bereichen, die ein gewisses manuelles Geschick erfordern, statistisch gesehen nicht im Vorderfeld zu finden. Fleischhauer beispielsweise sind bei manuellen Arbeiten deutlich effektiver einsetzbar als Psychoanalytiker. In den Bereich Hypnose und Traumdeutung aber sind Letztere den Fleischhauern deutlich überlegen.

Hans selbst ist allerdings gar kein Fleischhauer, sondern Forstadjunkt, hier in Kleinmürzenau an der Mürz in der Obersteiermark. Daneben ist er Hobbyfischer und auch begnadeter Hobbykoch. Und diese Tatsache kommt uns jetzt zugute. Denn er hat die Fische gottlob blau gekocht, genauso, wie uns die Forelle am besten schmeckt. Hansens Frau Martina ist mit den beiden Kindern über Pfingsten zu den Großeltern gefahren. Daher haben wir Forscher den jungen Adjunkten als Auskunftgeber einen ganzen Tag für uns alleine.

»Der Aarnoch soll schuld sein am steirischen Querdenkertum? Wer, bitteschön, ist dieser Aarnoch?«

Wir sind etwas ratlos und Hans hat seine Freude daran.

»Ihr kennts doch unsere Laundeshymne, oder?«

»Selbstverständlich!«, erwidern wir sofort, getrieben vom Bildungsdemonstrationseifer, der österreichische Akademiker seit dem Jahre 1365 auszeichnet. (Damals wurde die erste österreichische Universität in Wien gegründet, die »Alma Mater Rudolfina«.)

»Hoch vom Dachstein an, wo der Aar noch haust ...«

»Genau! Richtig!« Hans ist begeistert und fährt fort: »Domols wie i no a kloaner Bub gewesen bin, da hob i de zwoa Wörter *Aar* und *noch* als ein Wort verstanden. Und diesen *Aarnoch* hob i mir vorgstöllt, praktisch wie ein Fabeltier, net? So ähnlich wie den Basilisken. Aber mein Aarnoch, des woa ka Mischung aus an Hendl und aus aner Schlaungen. Mein Aarnoch, der woa a Mischung aus an Lebewesn und aus ana Maschin! A Cyborg praktisch, wia mir in der Steiermork dazua sogn!«

»Und wie hat dieser Cyborg genau ausgesehen?«, fragen wir weiter, nun doch etwas neugierig geworden.

»Wie a Mischung aus an Adler und an Moped!«

»Einem Moped?«

»Jo. An Puch-Moped, um genau zu sein!«, erklärt uns Hans stolz und fügt hinzu: »Gaunz genau: A Puch MS 50!«

»Puch MS 50? Das war doch vor Jahrzehnten das legendäre

Postmoped? Das Fortbewegungsmittel der heimischen Landbriefträger?«

»Jo, richtig!« Franz ist von unserem Moped-Fachwissen sichtlich beeindruckt. »Und de Postmopeds hobn eine Zweiforbenlackierung gehobt: schworz und ockergölb! Und genau so hob ich mir ols kloaner Bub den Aarnoch vorgestöllt. Als schworzgölb lackiertes Puch-Moped, mit an majestätischen Adlerkopf vorn aum Lenker. Und mit imposanten Adlerschwingen, die wos links und rechts aussakommen san, beim Tank. Des woa natürlich a reines Fantasieprodukt!«

»Aber inwiefern war dieser dein Aarnoch ein Querkopf?«

Wie aus der Pistole geschossen antwortet Hans: »Erstens: Er hot sich, trotzdem ein Teil von ihm jo ein Adler woa, nie ols Woppentier missbrauchen lossen. Und zweitens ist er auch ols Puch-Moped immer ein Querkopf gewesen. Ein Anarchist! Der Arnoch ist immer schnöller gfohren ols die zulässige Höchstgeschwindigkeit.«

»Das waren damals 40 kmh, oder?«

Wir sind uns nicht ganz sicher.

»Läppische 40, jawohl!«, bestätigt uns Hans. Und fügt mit hörbarem Stolz hinzu: »Und mein Aarnoch ist an sotten Ochzger gfohrn! Bei Rückenwind sogor an Neinziger!!«

»Aber – wie war das möglich?«

»Ja, do hot man einiges tun müssen: Vergaser aufborn, Auspuff ausräumen, aunderes Übersetzungskranzl einsetzen – des übliche Menü holt, dos wos jeder ordentliche steirische Mopedfohrer im kloan Finger hot!«

Ah, jetzt verstehen wir! Und wir sagen das dem Forstadjunkten auch sogleich: »*Du* hast als Sechzehnjähriger dein *eigenes* Moped *Aarnoch* genannt, gell, Hans? Diese alte, illegal auffrisierte Mopedkraxen mit dem heulenden Auspuff war der Schrecken aller Sommerfrischler da in der Gegend! Wir erinnern uns noch sehr genau daran! Wir haben nämlich selbst vor zwanzig Jahren hier in dieser Gegend eine hochinteressante Studie über die *Triebsublimationsstrategien adoleszenter Mürztaler Autogen-Schweißer* verfasst. Und wir sind dabei zu nachtschlafener Zeit immer wieder von dem heulenden Moped von so einer Rotzpipen aufgeweckt worden! Und jetzt wissen wir es«, fügen wir anklagend hinzu: »DU warst diese Rozpipen!«

»Nein! Dos ist eine Unterstellung. Ich muass jetzt glei mit mein Anwalt sprechen!«

Er weist uns grußlos die Tür.

Nun begeben wir uns nicht auf Feldforschung, sondern betreiben Literatur- und Quellenstudien. Und zwar im Grazer Joanneum und in dessen Dependance im Schloss Stainz. Hier können wir vieles über Brauchtum und gewerbliches wie auch landwirtschaftliches Arbeitsleben in der Steiermark des 19. Jahrhunderts erfahren.

Nach diesen Forschungen bestätigt sich, was wir schon lange geahnt haben. Aber jetzt ist es hieb- und stichfest und uns endgültig klar. Der Urheber der steirischen Originalität und des steirischen Querdenkertums – das kann nur einer sein: der bis heute so innig bejodelte Erzherzog Johann Baptist Josef Fabian Sebastian von Österreich.

Der Erzherzog, Papa Joe und Baby Joe

Am 18. Februar 1829 ist der Skandal perfekt: Erzherzog Johann heiratet zu mitternächtlicher Stunde in seiner Privatkapelle bei Maria Zell Anna Plochl, die Tochter des Ausseer Postmeisters. Der Wiener Hof steht Kopf. Denn sich mit einer »Bürgerlichen« zu verheiraten, das war für den Bruder des regierenden Monarchen damals ein absolutes »No-Go« – wenn auch Staatskanzler Fürst Metternich das vermutlich etwas anders formuliert hat. Johann und seine Nachkommen wurden sofort von der Thronfolge ausgeschlossen. Nach langwierigen Interventionen erreichte Johann schließlich, dass sein Sohn Franz als »Graf von Meran« in den erblichen Adelsstand erhoben wurde. Das Titelpendant »Gräfin von Meran« erhielt Anna Plochl erst fünf Jahre später.

Der frischgebackene Kaiser und erst zwanzigjährige Franz Joseph I. machte seinem Großonkel Johann 1850 diese Freude.

Als Exkurs sei hier angemerkt, dass Franz Joseph gute fünfundzwanzig Jahre später in der Wiener Gründerzeit beim Vergeben allerdings niedrigerer Adelstitel wie »Freiherr« oder »Baron« ein recht lockeres Händchen gehabt haben soll. »Seeadler« nannte ihn der Wiener Volksmund, weil er angeblich jeden gutbetuchten Mann, kaum dass er ihn gesehen, auch schon geadelt habe.

Das querdenkerisch Unangepasste äußerte sich bei Erzherzog Johann allerdings nicht nur in der Tatsache, dass er entgegen alter habsburgischer Tradition eine Liebesheirat wagte. Er gilt vielmehr bis heute als »volksnaher Modernisierer«, der in der Zeit des stockreaktionären österreichischen Neoabsolutismus in der Steiermark eine ganze Reihe von Maßnahmen setzte, die langfristig das Lebens- und Bildungsniveau der einfachen Leute heben sollten.

So soll er in der Hungersnot 1816/17 höchstselbst Erdäpfel unter den Bauern verteilt und für deren Anbau geworben haben. Auf seinem landwirtschaftlichen Mustergut *Brandhof* – in dessen Kapelle auch seine Hochzeit stattgefunden hat – experimentierte er mit neuen Anbaumethoden und dem Einsatz von neu entwickelten landwirtschaftlichen Maschinen. Er erwarb in Vordernberg ein sogenanntes Radwerk, also eine Vorform des Hochofens, und zählt damit zu den Pionieren der steirischen Eisen- und Stahlindustrie.

Daneben beschäftigte er Schreiber und Maler, die in Wort und Bild das Leben und die Arbeit der einfachen Menschen und auch deren volkskünstlerische Ausdrucksformen dokumentierten. Zu den Institutionen, die er selbst gründete oder die auf seine Initiative ins Leben gerufen wurden, zählt unter anderem das *Joanneum* in Graz, als Vorläufer der späteren *Technischen Universität*

Auch was sein äußeres Erscheinungsbild betraf, gab sich der in Florenz geborene begeisterte Wahlsteirer betont »unhöfisch«. Johann trug angeblich am liebsten einen obersteirischen grauen Lodenjanker mit grünem Revers – ein Kleidungsstück, das man wohl zurecht als eine Vorform des »Salonsteirers« bezeichnen kann.

Im Grab rotiert haben dürfte er freilich, als im Februar 1938 Tausende Lodenjanker-Träger brüllend für den Anschluss an Hitlerdeutschland demonstrierten – was Graz dann als einziger »ostmärkischer« Stadt den zweifelhaften Ehrentitel »Stadt der Volkserhebung« einbrachte.

Erwähnt sei auch, dass der Erzherzog seine reformerischen Aktivitäten als reiner Privatmann setzte, ohne eine öffentliche Funktion zu bekleiden. Und dass er all das mit seinem – allerdings recht beträchtlichen – Vermögen finanzierte.

Zu einem ausgeprägten Altruismus, der sicher unbestreitbar diese Tätigkeiten leitete, mag durchaus auch noch ein anderes Motiv gekommen sein: nämlich jenes, den obergescheiten Wiener Großstädtern im Allgemeinen und der eigenen kaiserlichen Verwandtschaft im Besonderen zu zeigen, wo der steirische Bartl den Most holt.

Warum wir das alles so ausführlich erzählen?

Weil sich die erzherzogliche Motivationsgrundlage offensichtlich über die Zeiten hinweg auf ganze Generationen demokratischer Politiker in der Steiermark übertragen hat. Und der Eifer, einen eigenen steirischen Weg zu gehen und die Landeshauptstadt Graz als das »modernere« oder »hippere« Wien zu positionieren, konnte schon sehr farbenprächtige Blüten treiben: Ausgerechnet 1968, in jenem Jahr, als linker Jugendprotest die bürgerlichen Eliten in Angst und Schrecken versetzte, wurde in Graz der »Steirische Herbst« ins Leben gerufen – das älteste Avantgardefestival Europas, das bis heute besteht.

Langhaarige Poeten, Aktionskünstlerinnen, Dichterinnen im Julie-Driscoll-Look, Musiker, Maler und Bildhauer beiderlei Geschlechts konnten hier sich und ihre Arbeiten präsentieren. Ins Leben gerufen wurde der »Steirische Herbst« nicht von einem aus Deutschland importierten Angehörigen der marxistischen »Frankfurter Schule«, sondern von dem Volkskundeuniversitätsprofessor Hanns Koren, ÖVP-Landespolitiker und CVer.

Milde geduldet wurde das Kulturspektakel vom ÖVP-Landeshauptmann Josef Krainer, der dieses Amt von 1948 bis zu seinem Tod 1972 bekleidete. Dem volksnahen Bauernbündler wurde nachgesagt, er betreibe neben der offiziellen österreichischen auch eine inoffizielle, »steirische Außenpolitik«. So soll er über gut funktionierende persönliche Kontakte zum jugoslawischen Präsidenten Josip Broz Tito und zum britischen Premier Anthony Eden verfügt haben.

Als 1980, nach dem Rücktritt des Krainer-Nachfolgers Friedrich Niederl, Josef Krainer junior steirischer Landeshauptmann wurde, hatten böse Zungen einen unpassenden Vergleich parat: Man nannte den Sohn des berühmten Vaters »Baby Joe Krainer«. Offensichtlich bezugnehmend auf »Baby Doc Duvalier«, der damals als Nachfolger seines Vaters »Papa Doc Duvalier« Präsident Haitis war und das Land diktatorisch regierte. Diktatorisch regieren?

Das tat Josef Krainer junior ganz sicher nicht. Die von ihm geführte Landes-ÖVP galt damals als Hort der Liberalität innerhalb des bürgerlichen Lagers. Mit großer Bereitschaft, den »steirischen Weg« der offenen Diskussion mit politisch Andersdenkenden auszubauen. Und weil auch dieser Landeshauptmann seine Freude daran hatte, sich mit Wien immer wieder zu messen, wurde damals folgender Witz erzählt:

Frage: »Warum ist die steirische Junge ÖVP nur mehr halb so stark wie vor einem Jahr?«

Antwort: »Der Krainer ist draufgekommen, dass es in Wien maoistische und trotzkistische Studenten gibt, in Graz aber nicht. Darum sind alle Jung-ÖVPler, die lesen und schreiben können, jetzt auf Maoisten und Trotzkisten umgeschult worden. Denn was Wien hat, muss Graz auch haben!«

Naja – über Humor lässt sich bekanntlich nicht streiten.

Graz hat seit 2003 auf jeden Fall etwas, das Wien nicht hat. Schon in unserem Kapitel über das Bundeshauptstadtbundesland haben wir eine erotische steirische Variante der Sachertorte angekündigt und – voilà! – da ist sie:

Die »Wanda-Sacher-Masoch-Torte«!

Kreiert in dem Jahr, als Graz Europas Kulturhauptstadt war.

Wanda Sacher-Masoch war die Ehefrau von Leopold Ritter von Sacher-Masoch, der etliche Jahre in Graz lebte. Beide waren schriftstellerisch tätig, er langfristig gesehen mit mehr Erfolg. Vor allem sein Roman *Venus im Pelz,* in dem er die männliche Freude am körperlich erduldeten Liebesleid beschreibt, ist bis heute ein Klassiker der erotischen Literatur. Und die Tatsache, dass die bepelzte weibliche Hauptfigur auf den schönen Namen »Wanda« hört, ist vermutlich auch kein Zufall.

1886 hat der an der Grazer Universität lehrende deutsche Rechtsmediziner und Psychiater Richard von Krafft-Ebing in seinem Buch *Psychopathia Sexualis* erstmals den Begriff »Masochismus« für sexuelles Lustempfinden durch Leiden verwendet.

Sacher-Masochs Proteste dagegen blieben erfolglos.

Zurück zur »Wanda-Sacher-Masoch-Torte«: Sie soll auch und gerade jenen, die Schmerzen keinen Genuss abgewinnen können, ganz hervorragend schmecken. Für Puristinnen und Puristen der Konditoreikunst seien die deutlichsten Unterschiede der Wanda-Sacher-Masoch-Torte zu den an anderer Stelle bereits besprochenen Varianten der Sachertorte angemerkt:

Für die »Wanda-Sacher-Masoch-Torte« wird statt Marillen- milde Ribiselmarmelade verwendet. Dazu kommt, dass die gesamte Torte mit Marzipan ummantelt wird. Ob diese Ummantelung gegen gezielte Peitschenschläge im Ernstfall wirklich hilft, haben wir nicht überprüft.

Seelenlandschaft KÄRNTEN: Jörglland ist abgebrannt

Kärnten wird reich!

Jörg Haider, Kärntner Landeshauptmann,
anlässlich des Verkaufs der Kärntner Hypo-Alpe-Adria
an die BayernLB

Wir befinden uns in einem schönen Ort und wollen ihn St. Nepomuk am Wörthersee nennen, obwohl er acht Straßenkilometer vom Wasser entfernt liegt. Folgerichtig kann man in St. Nepomuk nicht baden gehen, was aber völlig egal ist. Denn baden gehen kann man auch in jenen Orten nicht, die direkt am See liegen. Fast alle Badestrände sind privatisiert, hier tummeln sich, wie man in den »Seitenblicken« immer wieder hört, die Reichen und die Schönen. Wobei Erstere eindeutig in der Überzahl sind, wie uns eine wissenschaftlich-voyeuristische Analyse durch das Fernrohr auf der Aussichtswarte von St. Nepomuk eindeutig belegt. Das mag nicht zuletzt daran liegen, dass frühere Generationen zwar Kaufhäuser und Fabriken, nicht aber Schönheit arisieren konnten.

Aber wir wollen nicht abschweifen in frühere trübe Zeiten, die hierorts vielfach als gar nicht so trübe gesehen werden. Bleiben wir in der Gegenwart. Die hat uns vor ein Wirtshaus geführt, das sich selbst »Schenke zum Deutschen Michl« nennt. Ein kurzer Blick auf die Speisekarte, die in einem Schaukasten neben der Restauranteingangstür angebracht ist, lässt nostalgische Gefühle in uns wach werden: Denn hier scheinen Speisen und Getränke noch in Schilling ausgepreist zu sein!

Ein zweiter Blick belehrt uns aber: Es sind doch Euro gemeint.

Da sich keines unserer Zehntellose der heimischen Klassenlotterie bei der letzten Ziehung unter den Gewinnern fand, ist ein Mittagessen in diesem Schlutzkrapfen-Gourmet-Tempel für einfache Seelenforscher wie uns nicht leistbar. Während unsere Mägen in zweistimmiges Knurren verfallen, erblicken wir einige Knaben und Mädchen, die träge an uns vorbeischlendern.

»Wo«, fragen wir einen aufgeweckt wirkenden Knaben mit türkisfarbenem Haupthaar und gleichfarbigem Schulrucksack, »wo finden wir hier ein Speiselokal mit Original Kärntner Küche zu günstigen Preisen?«

Nachdem er sowohl »Original Kärntner Küche« als auch »günstige Preise« vernommen hat, bekommt der Türkisfarbene einen Lachanfall. In den stimmen alle seine Kumpaninnen und Kumpanen lauthals ein. Lediglich ein Mädchen mit Blondhaar und feinem Gesichtchen macht bei dem Lachkrakeelen nicht mit und meint:

»Do müssts ihr dortn rüber gehn über dos Bachele. Donn noch links Richtung Sportplotz. Do sehts ihr donn schon a liabs Hüttele aus Zirbenholz und do gehts ihr donn hinein!«

Ein Original Kärntner Kebab

Tatsächlich erreichen wir nach wenigen Minuten diese pittoreske Gaststätte, die ein wenig an das Grimmsche Hexenknusperhäuschen aus *Hänsel und Gretel* erinnert, allerdings ohne dessen Lebkuchenvertäfelung. Und es lacht uns auch eine Reklametafel entgegen, die nicht an die Gebrüder Grimm erinnert:

»Kemal's Original Kärntner Kebab.«

»Kemal's« – mit Apostroph zwischen »l« und »s«! Grauenhaft! Was hatten wir zwei nicht den Brexit herbeigesehnt! In der Hoffnung, dass wir dann endlich, endlich befreit sein würden von jenen unsäglichen Pseudo-Anglizismen, wie sie die Übernahme des sächsischen Genetivs in das heimische Idiom bedeutet: Denn auf Deutsch heißt es ja korrekt und völlig apostrophfrei »Verenas Wollstube«, »Nadines Nagelstudio« und »Kemals Orginal Kärntner Kebab«.

Nur auf Englisch hieße es »Verena's Wool Shop«, »Nadine's Manicure Institut« oder »Kemal's Original Turkish Carinthian Fast Food«.

Wir sind so empört, dass wir zuerst in diese Imbisshütte gar nicht hinein wollen. Doch bekanntlich ist der beste Koch der Hunger und so überwinden wir unsere Genetiv-Apostroph-Unverträglichkeit. Das Interieur der Kebab-Kaschemme ist ländlich rustikal: Drei schmucke Zirbenholztische mit gedrechselten Tischbeinen, dazu pro Tisch vier Sessel. In deren Lehnen sind als Intarsien jeweils unterschiedliche Spielkartenmotive eingearbeitet – Treff, Karo, Herz und Pik.

Hinter der Holztheke sehen wir die kleine Küche – mit elektrischem Kebabspieß und Fladenbrotwärmeofen. Alles ist blitzsauber, die Arbeitsfläche aus edlem Nirostastahl.

Schräg hinter dem Kebabspieß vermeinen wir einen Herrgottswinkel mit Herz-Jesu-Bildnis zu erkennen. Doch nach genauerem Hinsehen stellen wir fest: Statt des Kreuzes auf der Höhe des Herzens hat diese Gestalt ein hell bläulich schimmerndes Neonröhrchen in Halbmondform eingearbeitet. Das erstaunt uns.

Als umfassend humanistisch gebildete deutschsprachige Wissenschaftler, die selbstverständlich ihren Karl May gelesen haben, wissen wir natürlich, dass der Islam jede Form von Bildwerk ablehnt. Ein nochmaliger Blick belehrt uns aber, dass hier keineswegs der Prophet Mohammed dargestellt werden soll. Vielmehr hat das Gesicht des hier heiligenbildähnlich Verehrten eindeutig die Züge Jörg Haiders.

Aus unsichtbaren Lautsprechern dringen gedämpfte, aber doch durchaus hörbare Klänge volkstümlicher Musikschaffender. Nicht zuletzt deshalb wollen wir sogleich wieder gehen, zumal ohnehin alle Tische besetzt sind.

Doch just in dem Moment, als wir kehrtmachen, ruft ein grobschlächtiger Mann, der wie seine drei Kollegen einen braunen Kärntneranzug trägt: »Bleibts do. Mir sin eh schon im Geh'n!« Und zum Imbissbudeneigner gewandt fügt er hinzu: »Döner! Her do! Zohl'n!«

Der mit »Döner« Angesprochene wieselt eilfertig hinter der Theke hervor. In der Linken die portable Registrierkassa haltend, tippt er mit den flinken Fingern des Orientalen die Rechnung für die Trachtenanzuggruppe ein.

Deren Wortführer wendet sich noch einmal an uns: »Ich komm

sehr vül herum, beruflich! Und eines konn ich eich sog'n: Überall auf der gonzn Wölt gibt's Kebab. Unten bei die Krowodn, drüben in Slowenien und sogor im Steirerlaund. Ober nirgendwo, und dos schwör ich, bei ollem wos mir heilig ist – beim Kartnerlaund, beim Jörgele und bei die Kaasnocken von meiner olt'n Mutter: Der bei Weitem beste Kebab, wöltweit, dos is der Kärntner Kebab! Und den besten der besten, den gibt's do heroben bei uns in St. Nepomuk, bei unserem Kemal, unserem grauperten Kimmeltirken, den wos wir liebevoll Döner nennen tun!«

Zwanzig Minuten später, als der eine von uns einen klassischen »mit alles« der andere einen Hühner-Kebab »ohne scharf mit extra Tomate und Zwiebel« intus hat, kommen wir mit dem von Kärntner Patrioten so hoch gelobten Fastfood-Gastronomen ins Gespräch. Was denn seinen Original-Kärntner-Döner von allen anderen unterscheide, wollen wir von ihm wissen. Da die Mittagszeit vorbei ist und wir inzwischen die einzigen Gäste sind, setzt sich Kemal zu uns. In nahezu völlig akzentfreiem Hochdeutsch beginnt er zu erzählen:

»Das Kalb- und Rindfleisch für meinen Original Kärntner Kebab stammen ausschließlich aus heimischer Viehzucht. Die Tiere wurden garantiert nicht geschächtet, sondern mit einem abendländischen Schussapparat, der noch dazu von einem Kärntner Bischof geweiht worden ist, friedvoll vom Diesseits ins Jenseits befördert.«

»Und was ist mit dem Original Kärntner Hühner-Kebab?«

Die Frage kommt in scharfem Tonfall und sie bringt den Döner-Kemal zum Schwitzen.

»Da, uh – ähh ...«, stottert er herum.

»Die Wahrheit! Sagen Sie uns die Wahrheit! Wir sind Seelenforscher der Extraklasse. Uns kann man nicht belügen. Wir sind gewissermaßen Mensch gewordene Lügendetektoren!«

Unserem scharfen Tonfall, unserer brillanten Argumentationswucht und vor allem unserem schneidigen Auftreten hat der kleine Muslim nichts entgegenzusetzen.

»Ich gebe auf!«, sagt er resignierend. »Ich muss Ihnen ein Geständnis machen: Für meinen Original Kärntner Kebab verwende ich zwar Fladen aus Villach, Tomaten vom Nassfeld, Salat aus dem Oberland und Zwiebeln aus Bad Kleinkirchheim. Aber das Hühnerfleisch ist Importware!«

»Um Gottes willen!«, entgegen wir nun, ehrlich empört. »Womöglich in Fleischbatterien eingepferchte polnische Depressionshühner oder solche nicht minder verwerflich gehaltenen Tiere aus Orbanistan?«

»Nein, nein!«, erwidert Kemal. »Ich esse doch selber ausschließlich Hühner-Kebab und ich bin weiß Gott kein Selbstmörder!«

Sein Hühnerfleisch käme aus dem Sulmtal und das liege zwar nahe der Kärntner Grenze, aber eben doch in der Steiermark.

»Aber das ist doch völlig in Ordnung!«, beruhigen wir Kemal, der sich freut wie ein kleines Kind, wie es der Türken Art ist. Es seien ausschließlich Sulmtaler Hühner gewesen, die man seinerzeit am Kaiserhof zu Wien verspeist habe, egal ob nun gebacken, gebraten oder gar als Paprikahendl zubereitet. Was ja nun eine besondere Köstlichkeit sei, wie der eine von uns meint, was der andere wiederum auf das Heftigste bestreitet.

Für einen Original Kärntner Hühner-Kebab könnten wir uns jedenfalls kein besseres Hendl vorstellen als eben jenes aus dem Sulmtal.

Kemal ist durch unseren Zuspruch so erleichtert, dass er sofort aus seinem geheimen Weinschrank einen Original Kärntner Malvasia herausnimmt, ihn öffnet und nach dem ersten Schluck sein Herz auch gleich noch dazu. Kemal hat nämlich noch ein paar Geständnisse auf Lager. Erstens: Der Malvasia sei kein Kärntner, sondern ein Kroate und auch dagegen haben wir nichts einzuwenden. Ja, und er selbst, Kemal, sei eigentlich auch kein Türke, sondern Libyer.

»Aha! Und wie kommst du hierher, aus der Wüste über das Meer und dann auch noch über die Karawanken?«, fragen wir neugierig.

»Das ist eine sehr lange Geschichte, die ich aber sehr kurz erzählen kann!«, erwidert Kemal. Also: Eigentlich heißt er auch gar nicht Kemal, sondern Tarek. Aber Tarek klinge nicht türkisch genug. Und ein Kebab-Hüttenwirt müsse nun einmal auch in Kärnten ein

Türke sein. Selbst dann, wenn er ausschließlich Original Kärntner Kebab feilbiete. Also schien »Kemal« als Vorname eine gute Alternative.

»Nach Kärnten bin ich das erste Mal 1999 gekommen«, erzählt Tarek, den wir aber, um Verwirrungen zu vermeiden, weiter »Kemal« nennen wollen.

»Ach ja!«, sagen wir, denn wir sind nicht nur in der alpinen Seelenkunde, sondern auch in der heimischen Zeitgeschichte ausgezeichnet bewandert. »1999! Damals hat doch der Haider sich zum ersten Mal mit Saif al-Islam al-Gaddafi getroffen! Dem Sohn vom alten Gaddafi, der damals noch an der Macht war!«

»Richtig!«, erwidert Kemal und scheint von unserem Wissen beeindruckt. »Ich war beim Küchenpersonal vom jungen Gaddafi!«

Dreimal sei er in der Zeit von 1999 bis 2001 hier im Kärntnerland gewesen, erzählt Kemal. Schon beim zweiten Besuch habe er sich unsterblich beim Beach-Volleyball-Turnier in eine blonde Beach-Volleyballerin verliebt. Man sei einander nähergekommen, 2004 habe man geheiratet. Gleich, nachdem er die Staatsbürgerschaft bekommen habe.

»Ah, part of the game, oder? Hat das mit der Staatsbürgerschaft bei dir auch der Herr Scheuch arrangiert?!«

Kemal macht eine wegwerfende Handbewegung. Alles sei gut gelaufen und ebenso gut ausgegangen. Über Details wolle und werde er nicht reden. Und weil er uns offensichtlich ansieht, dass wir überzeugte Feministen sind, meint er, wir bräuchten keine Angst zu haben. Seine Frau, die Britta, müsse auch als seine Ehefrau beim Beach-Volleyball keine Burka tragen.

»Wenn wir Muslime die Taufe hätten«, erklärt er, »tät ich sagen: Ich bin ein reiner Taufscheinmuslim!«

Aber es gefalle ihm gut, dass der von ihm nach wie vor geradezu abgöttisch verehrte Jörgl kein Feind des Islam gewesen sei.

»Nicht so wie der Strache oder das Kickl!«, fügt er hinzu und meint, es sei schade, dass man Haider ermordet habe.

»Ermordet?!«, fragen wir und sehen Kemal fassungslos an. Der nickt bekümmert.

Dann hebt er den Blick, sieht uns fest in die Augen und sagt mit unheilschwangerer Stimme:

»Ermordet! Jawohl! Von den Freimaurern, von den Illuminati, vom Mossad, von den Chemtrails oder von der heimtückischen westsibirischen Wodka-Mafia! Schade!«, meint Kemal dann leise nach einer kleinen Pause. »Dabei hätte er doch noch so viel bewirken können, der ehrliche, fleißige, tüchtige und anständige Jörgl! Viel, sehr viel hätte er noch bewirken können!«

»Naja«, meinen wir. »Kärnten ist aber dank ihm eigentlich eh schon pleite. Was hätte er da noch machen sollen? Pleiter als pleite geht nicht!«

»Ja, wir Kärntner sind pleite!«, sagt Kemal und zündet in seinem kleinen Haiderwinkel direkt unter dem blauen Halbmond ein Teelicht an. »Aber wir Kärntner schauen aufeinander! Wir haben gute Herzen. Bei uns verkommt nichts und bei uns verkommt niemand.«

Wir verabschieden uns von Kemal. Wir tun so, als hätte uns sein sentimentales Geschwätz irgendwie berührt. Damit er nicht beleidigt ist, nehmen wir sogar die Schachtel Baklava mit, die er uns schenkt.

Auf der Taxifahrt essen wir die orientalische Süßspeise mit großem Appetit und sind überrascht, wie gut das Zeug schmeckt. Dabei achten wir penibel darauf, dass uns kein Honig auf das iPad tropft, während wir folgende Facts googeln:

Kärnten ist seit Jahren das ärmste Bundesland unserer Alpenrepublik. Hier haben die Menschen im Vergleich zu den anderen österreichischen Bundesländern im Durchschnitt die geringste Kaufkraft.
Gleichzeitig wohnen in Kärnten aber auch einige der reichsten Menschen der Welt. Doch gibt es hier Neid, Hader, Missgunst? Etwa gar Ausschreitungen? Mitnichten!
Friedlich lebt hier der einfache Wörthersee-Fischer neben der Multimilliardärin. Manchmal schenkt er ihr auch ein paar Reinanken, weil sie diese so gerne mag. Und wenn er mit seinem Fang von der Bootsanlegestelle bis in die Küche der herrschaftlichen Villa unbehelligt vordringen kann, dann

wird sich wohl der eine oder andere Bodyguard einen neuen Job suchen müssen. Und er wird bald einen finden. Denn – wie gesagt – gottlob leben genug Gutbetuchte im Schatten der Karawanken.
Aber was eint Marijana, das einfache Stubenmädel aus dem 2-Sterne-Hotel in der Nähe des Klopeinersees, mit Horstl, dem ehemaligen jungen Ortstafelstürmer und nunmehrigen wohlbestallten Pensionisten? Und was wiederum verbindet diese beiden mit Otto, einem der feinsinnigsten Film- und Fernsehregisseure der Alpenrepublik? Jenem Otto, der für sein gewaltiges Lebenswerk mehr als nur zu Recht das »Goldene Ehrenzeichen für Verdienste um die Republik Österreich« bekommen hat?
Was eint Stubenmädchen, Pensionist und Regisseur?
Sie alle eint eine klare humanistische Erkenntnis:

Geld ist nicht alles!

Das meint auch die Trafikantin in einem direkt am Wörthersee gelegenen Städtchen, das gerne ungenannt bleiben will.

»Bei uns do«, erklärt sie uns, während wir ihr unsere allwöchentliche Deppensteuer für unsere Lottoscheine abliefern, »bei uns do hot man noch a Herz für die olten Leut. Do dreht die Gemeinde net an jeden Euro um, wauns darum geht, olten Menschen ein menschenwürdiges Zuhause zu schoffen!«

Wir sind gerührt. Schließlich sind wir zwei ja auch nicht mehr die Allerjüngsten. Gut, ja: Noch stehen wir im Zenit unserer Seelenforschungskraft, aber gelegentlich plagt uns doch auch schon da und dort ein körperliches Zipperlein. Oder eine klitzekleine Altersdepression schleicht sich vorzeitig ins Gemüt und kann nur mit gezielter Einnahme von Psychopharmaka an potenzieller Ausbreitung gehindert werden. Da ist es schön, zu wissen, wo man eine wohlfeile Seniorenresidenz finden kann, für später dann. Noch dazu eine, die in doppelter Hinsicht privilegiert ist: Erstens liegt sie südlich des Alpenhauptkamms, wo es deutlich wärmer ist als im Norden, und zweitens in unmittelbarer Nähe des Kurortes Warmbad-Villach. Wir fragen also die Trafikantin, wo wir dieses kostengünstige gemeindeeigene Altenheim denn finden könnten. Sie erwidert vorerst nur ein glockenhelles Lachen, dessen Timbre nicht verleugnen kann, dass sie immer schon eine der besten Kundinnen ihres Tabakladens war.

»Ober nein! Dos ist doch kein Oltersheim!«, sagt sie gleich, als sie die Sprache wieder gefunden hat. »Dos ist a klaans Schlössele, dos unsere Gemeinde zu einem sehr guten Preis einem gaunz liaben olten Herrn ols Olterssitz überlossen hot!«

Eine Viertelstunde später stehen wir vor dem Anwesen und wir sind beeindruckt. Ein prächtig renoviertes Schloss steht hier auf einem Seegrund, direkt am Wörthersee.

»Schön!«, sagt der eine von uns.

»Sehr schön!«, sagt der andere.

Vor einigen Jahren soll Frank Stronach das Anwesen erworben haben. Und zwar um einen Quadratmeterpreis, für den man sonst nur in Nitzing im Tullnerfeld oder in Gleißenfeld in der Buckligen Welt ein Grundstück erwerben kann. Beides übrigens wunderschöne Orte, nur halt doch sehr sehr weit von jedem See entfernt.

Irgendwann einmal hieß es ja, der Frank mit den großen Werten wolle hier ein Seminarhotel errichten. Oder so etwas Ähnliches. Jetzt aber ist keine Rede mehr davon. Man hört nur, dass in eine Etage der Siegfried Wolf eingezogen sein soll. Der ist zwar noch keine sechzig, aber was nicht ist, kann ja noch werden. Vielleicht wird das Ganze doch noch eine Senioren-WG. Pflegerinnen werden sich sicher finden. Denn dass sich altruistische junge Damen gerne um pflegebedürftige ältere Herren kümmern, dafür gibt es in Kärnten eine schöne, ja geradezu vorbildhafte Tradition.

Dazu seien hier – ohne Anspruch auf Vollständigkeit – drei Beispiele aus unterschiedlichen Epochen angeführt. Wir beginnen mit der aktuellsten Geschichte.

Ein Herz für Senioren

Wenn man Gerüchten Glauben schenken darf – und wer tut das hierzulande nicht –, dann gibt es auf die Frage »Wer besitzt die meisten Villen und Schlösser am Wörthersee?« eine klare Antwort: Es ist der Waffenproduzent Gaston Glock. Vor 35 Jahren hat er seine

Pistole entwickelt. Er hat diese nach langem Grübeln fantasievollerweise nach sich selbst, also »Glock«, genannt und die Waffe wurde zum Welterfolg. Das mag zuallererst einmal daran liegen, dass die Glock als schönes Beispiel großer österreichischer Ingenieurskunst ein ausgezeichnetes Handling hat. Das heißt, man braucht keine FBI-Ausbildung, um mit dieser Pistole ein wenig herumballern zu können.

Nicht unwesentlich war sicher auch, dass der Pistolenname international gut ankam. Würde Gaston Glock hingegen »Zwirschina« oder »Affenzeller« als Familiennamen haben, darf man davon ausgehen, dass ein nach ihm benanntes Produkt in den Straßen von San Francisco kaum bekannt geworden wäre.

So aber ist diese Knarre, oder »Krachen«, wie man bei uns zu Hause sagt, seit Jahren Österreichs international bekanntestes Exportprodukt. In den Hollywood-Filmen der letzten dreißig Jahre wird sie viel häufiger erwähnt als der *Wiener Walzer*, *Stille Nacht, heilige Nacht* und sogar als *Red Bull* – um die drei anderen bedeutenden Image-Exportartikel Österreichs zu nennen.

Diese effektive kleine Tötungsmaschine aus Kunststoff brachte Gaston Milliarden ein. Ewige Jugend freilich konnte er sich damit auch nicht erkaufen. Und oft mag er sich gefragt haben:

»Wer aber wird sich um mich kümmern, wenn ich alt bin und grau und meine gute Ehefrau ebenfalls alt und grau sein wird? Wer wird sich meiner erbarmen?«

Glock hatte Glück.

Er fand diese schöne, selbstlose Seele, in der feinsinnigen Kathrin aus Velden am Wörthersee. 2011 heiratete sie den um 52 Jahre älteren Mann und mit heiterem Lächeln lastete sie sich die schwere Bürde der Altenpflege auf.

Sie setzte damit eine schöne kärntnerische Tradition fort:

In einer ähnlich verzweifelten Lage wie Gaston Glock sah sich ein Jahrgangskollege von ihm – allerdings schon fast dreißig Jahren früher. Mit Sechzig hatte der Milliardär Friedrich Karl Flick ein entbehrungsreiches Leben hinter sich: Sein Vater war vorbestraft gewesen, wegen »Deportation zur Sklavenarbeit und der Mitgliedschaft in einer verbrecherischen Organisation«. Diese immense psychische Belastung hatte den jungen Friedrich Karl in ein Münchener Playboy-Leben getrieben, das er sich nur dank der Tatsache leisten konnte, dass man seinem Papa zwar die Ehre, nicht aber das Vermögen weggenommen hatte.

Doch auch Sohn Friedrich Karl hatte sich als tüchtig erwiesen und das teilweise arisierte Imperium des Vaters umstrukturiert und durch illegale Parteispenden abgesichert. Die sogenannte »Flick-Affäre« führte 1984 zum Rücktritt des FDP-Finanzministers Graf Lambsdorff, zur Installierung eines Untersuchungsausschusses im Deutschen Bundestag und zu Turbulenzen in der CDU.

Irgendwie hatte Friedrich Karl das alles halbwegs überstanden. Nun aber war er müde. Abgespannt. Und auch er mochte sich fragen: »Gut, bei der Jagd kann ich noch manches Rehlein und manchen Hasen umblasen, aber wie lange wird das noch dauern? Wird sich nicht bald das scharfe Auge trüben, der Finger am Abzug zittern, der Flintenrückstoß mir unerträgliche Schmerzen im Schulterbereich bereiten? Und wer wird dann da sein? Mir die Schulter mit Hirschtalg einreiben, mir den Roederer ins Champagnerglas gießen, wenn die alte Hand schon zittert?!«

Und auch hier geschah das Wunder.

Ingrid, ein einfaches Kärntner Mädel vom Lande, opferte sich auf, ohne dass sie dies auch nur im Ansatz als Großtat gelten lassen wollte. 1990 nahm die dreißig Jahre Jüngere den Überglücklichen zum Manne, füllte ihm nicht nur sachkundig den Thermophor, sondern gebar ihm auch noch ein Zwillingstöchterpaar.

Ohne zu murren nahm sie dann nach dem Ableben des aufopfernd Betreuten die schwere Bürde des Millionenerbes an, selbst auf die Gefahr hin, dass es sich dabei sogar um ein Milliardenerbe handeln könnte.

Heute lebt Ingrid, wenn sie nicht gerade in den »Seitenblicken« zu sehen ist, ganz bescheiden und zurückgezogen am See und soll gelegentlich Reinanken essen, die ihr von wohlmeinenden Fischern vorbeigebracht werden.

Die »Grande Dame« unter Kärntens aufopferungswilligen Mädels ist aber eigentlich gebürtige Wienerin. Doch es muss die Kärntner Atmosphäre gewesen sein, die sie ihre Bestimmung finden ließ.

Wir müssen weit zurückgehen, bis in die 60er-Jahre des vorigen Jahrhunderts.

Damals, genauer gesagt anno 1964, saß in einer Hotelbar zu Velden eine charmante dreiundzwanzigjährige Wienerin namens Heidi Jelinek und es war ihr vermutlich weh ums Herz. Als Eishockey-Enthusiastin, die sie bis heute geblieben ist, hatte sie mitansehen müssen, wie die österreichische Mannschaft bei den Olympischen Spielen im eigenen Land selbst in der B-Gruppe nur einen fünften Platz belegen konnte! Während Heidi Trübsal blies, nahm ein charmanter älterer Herr auf dem benachbarten Barhocker Platz und lud das schöne Kind auf ein *Traubisoda on the Rocks* ein. Der elegante ältere Herr hieß Helmut Horten, war damals fünfundfünfzig und sah deutlich älter aus. Wie alle seiner Generation damals, die für Führer und Vaterland »einfach nur ihre Pflicht getan« hatten.

Helmut Horten hatte vieles müde gemacht: das Arisieren des Kaufhauses *Alsberg, Strauß und Lauter* 1936, dem bis 1939 noch ein paar weitere »günstige Ankäufe« gefolgt waren. Dann nach dem Krieg die Verhaftung durch die Briten, der Hungerstreik, die Freilassung. Die Stabilisierung des Vermögens durch Zukäufe, wobei Horten bewies, dass er keineswegs ein verstockter Vertreter des alten Regimes war: Bereits 1953 erwarb er Kaufhausanteile der *Merkur AG* von Salman Schocken. Schocken hatte diese ihm von Nazi-Deutschland enteigneten Anteile 1949 rückerstattet bekommen.

Bald hatte es Horten zum Kaufhauskönig Westdeutschlands gebracht, doch wie gesagt: Er war müde. Sehr müde.

Deshalb wollen wir unsere weiteren Vermutungen kurz halten. Helmuts mühsames Erklettern des Barhockers weckte in der jungen Heidi karitative Gefühle des Erbarmens. Diese wurden zweifelsfrei von der linden Kärntner Luft bestärkt. Und all dies zusammen bewirkte, dass schließlich dann doch helle Hoffnungsstrahlen das düstere Gemüt Helmuts durchfluteten.

Beenden wir das Lyrische, kommen wir zum Faktischen:

1966 wurde geheiratet und Helmut schenkte seiner Heidi den »Blauen Wittelsbacher«, einen naturblauen Diamanten, der in seiner Geschichte jeweils eine Zeit lang Teil der österreichischen wie auch der bayrischen Kronjuwelen gewesen war. 2008 wurde der prachtvolle Protz-Klunker bei *Christie's* für umgerechnet 18,4 Millionen Euro versteigert. Insider gehen davon aus, dass es sich bei dieser Transaktion nicht um einen Notverkauf der seit 1987 verwitweten Heidi Horten gehandelt hat.

Denn dagegen sprechen ein paar Fakten: Das *Forbes-Magazin* führt Heidi Horten seit ewigen Zeiten unter den Top 1000 der reichsten Menschen der Welt. Ein Tagestermin-Beispiel dazu: Am 19. Juli 2016 lag sie auf Platz 638 und ihr Vermögen wurde auf 2,7 Milliarden Dollar geschätzt.

Ihre unter der Flagge von Malta fahrende Jacht *Carinthia VIII* liegt laut Wikipedia auf Platz 28 der Liste der »längsten Motorjachten der Welt«.

Doch Heidi sitzt nicht auf ihrem Geld. Sie lässt es auch weniger Begüterten zukommen: Sie ist Mäzenin der Klagenfurter Eishockeyclubs *KAC* und dessen Ehrenpräsidentin.

Diese drei Beispiele von Kärntner Altenpflegerinnen beweisen:

Man darf die Alten nicht wegsperren, man muss sich engagiert um sie kümmern! Denn: Wer Gutes sät, der wird Gutes ernten!

Seelenlandschaft SALZBURG: Jedermann gibt sich die Mozartkugel

Ich hoffe nicht, dass es nötig ist zu sagen,
dass mir an Salzburg sehr wenig und am Erzbischof
gar nichts gelegen ist und ich auf beides scheiße.

Wolfgang Amadeus Mozart, Komponist,
in einem Brief an seinen Vater Leopold am 12. Juli 1783

Salzburg ist Österreichs zweitjüngstes Bundesland. Erst 1816 wurde es Teil der Donaumonarchie, als eine der Folgeerscheinungen der »Neuordnung Europas« durch den Wiener Kongress. Vorher war es jahrhundertelang ein unabhängiges Fürsterzbistum gewesen, logischerweise mit einem Fürsterzbischof an der Spitze. Die Salzburger gelten in Restösterreich als noble, wertkonservative Menschen mit einem Herz für Tiere und einem Sinn für eigenwillige Heiterkeit. Die Meinung, dass Tierliebe unter Salzburgern besonders verbreitet sei, mag daran liegen, dass es hier am Wallersee das berühmte »Gut Aiderbichl« gibt. Es beherbergt einen sogenannten »Gnadenhof« und ist auch Stammhaus für mehrere andere ähnliche Höfe, die allesamt so etwas wie Altenheime für Tiere sind. Dem Gut Aiderbichl war jahrelang eine Fernsehshow gewidmet und seine farbenfrohe Postille liegt häufig in Zahnarztpraxen auf. Hierin werden Patenschaften für ausgediente Zirkuselefanten, impotente Zuchtstiere oder blinde Blindenhunde angeboten. Und auch häufig gefunden. Böse Zungen behaupten ja, hierzulande sei es oft leichter, Geldmittel zum Bau mehrerer Unterkünfte für unschuldig in Not geratene Hausschildkröten aufzutreiben als für ein Asylantenheim.
Das mit der »eigenwilligen Heiterkeit« wiederum mag an dem in der Stadt Salzburg liegenden Lustschloss Hellbrunn liegen. Und mit dem haben wir unsere eigene Erfahrung gemacht.

Nun aber sitzen wir gerade auf der Terrasse des Cafés Tomaselli in Salzburg und jeder von uns gibt einen Gutteil seines Tantiemen-

Vorschusses für Original Salzburger Nockerln und einen herzschlaghebenden Doppelmokka aus. Es ist ein strahlender Tag, Salzburgs Sonne lacht aus einem wolkenlosen Himmel und wir sind nass bis auf die Haut.

Warum?

Das kam so:

Witzige Wasserspiele

Gleich nach dem Mittagessen hatten wir das wunderbare Schloss Hellbrunn besucht mit seinen herrlichen und weltberühmten Wasserspielen. Fürsterzbischof Markus Sittikus hatte es um 1615 als seinen Landsitz, als »Villa rustica«, vom damaligen italienischen Stararchitekten Santino Solari erbauen lassen.

Wir waren begeistert von den herrlichen Figuren und auch von den heimtückischen Fontänen, die hier und dort die Besucher benetzten. Wir lachten über die feigen Touristen, die sich in Regenmänteln dem frühbarocken Befeuchtungsspaß zu entziehen trachteten. Oder gar in den malerischen Grotten das von oben tropfende Nass mit hässlichen Regenschirmen abwehrten, die sie von vorbestraften Händlern in Südostasien als »Designer umbrellas« erstanden hatten.

Wir aufgeklärten heutigen Seelenforscher erfreuten uns an der spöttischen Spiellust eines wahrhaft katholischen Seelenhirten, der noch nicht in neupäpstlicher Bescheidenheit gemacht hatte. Nein, Markus Sittikus hatte keine Kosten seiner Untertanen gescheut, um auch ins irdische Jammertal ein wenig heitere Schadenfreude zu zaubern. Wir spielten das Spiel mit, wir hatten keine Wetterhexen über Haupthaar und Glatze gestülpt, keine Galoschen über die Sportschuhe gezogen und keinen noch so kleinen Knirps aufgespannt.

Ja und dann kam – – – nein, nicht der berühmte leichte, geradezu erfrischende Salzburger Schnürlregen, denn auch der hätte uns nichts ausgemacht, zumal wir der Nachkriegsgeneration angehören, die bekanntlich nicht aus Zucker ist. Nach einem wilden Blitz und unmittelbar darauffolgendem Donnerschlag verfinsterte sich aber der Himmel in Sekundenschnelle und es begann zu schütten, dass Gott erbarm. Die Tropfen hatten die Größe von Mozartkugeln und wir waren froh, dass es keine Hagelkörner waren. Binnen der wenigen Minuten, die es dauerte, bis wir die Aufmerksamkeit eines Taxilenkers auf uns ziehen konnten, waren wir vollständig nass. Schon in der schützenden Geborgenheit des Taxis sitzend vermeinten wir hinter dem Prasseln des Regens noch immer das homerische Gelächter des Fürsterzbischofs zu hören, obwohl Markus Sittikus schon vor 397 Jahren alles Irdische hinter sich gelassen hat.

So schnell wie er gekommen war, war der Unwetterspuk vorbei. Und jetzt, hier auf der Luxusterrasse des Café Tomaselli, trocknet die Sonne zügig unsere »Casual Wear«, wie man Jeans, Leiberl und Sportbock heutzutage in gehobenen Literatenkreisen zu nennen pflegt. Aus den Lausprechern erklingt dezente Tafelmusik, komponiert vom größten Sohn der Stadt.

Vom Mozart-Wolferl und vom Ziegler-Jean

»Also, wenn Sie mich fragen, dann kann ich Ihnen klipp und klar nur eines antworten: Aus meiner ganz persönlichen Sicht war dieser saubere Herr Mozart rein menschlich gesehen ein Riesenarschloch!« Die Dame, die das sagt, ist Frau Schreyvogl. Frau Schreyvogl sitzt uns gegenüber und wir sind ihr dankbar dafür. Denn die Kaffeehausterrasse war, als wir gekommen sind, so gut wie voll besetzt. Aber an dem Tisch, an dem Frau Schreyvogl ihren nachmittäglichen Gin Tonic einzunehmen pflegt, waren noch zwei Plätze frei. Mit einer ungezwungenen und charmanten Geste gestattete sie uns, Platz zu nehmen. Sie erklärte, dass sie den einen von uns kenne, aus der Josefstadt, denn sie sei ein Kulturmensch.

Und wenn sie, zumal winters, in der Bundeshauptstadt weile, dann besuche sie traditionellerweise das Josefstadttheater und die Spanische Hofreitschule.

Ihnen, liebe hochintelligente Leserin, und auch Ihnen, lieber redlich bemühter Leser, wird zweifelsfrei nicht entgangen sein, dass wir bisher unsere Gesprächspartnerinnen und Gesprächspartner im Regelfall in diesem Buch bei ihren Vornamen genannt haben. Bei Frau Schreyvogl ist dies unmöglich. Zuvorderst deshalb, weil wir nicht wissen, wie ihr Vorname lautet – obwohl wir hierfür natürlich Vermutungen haben: Bernadette, Zita oder Assunta. Alle drei Namen kommen für uns ernsthaft in Betracht.

Aber selbst wenn wir Frau Schreyvogls Vornamen kennten, wir würden sie trotzdem nicht damit ansprechen. Dazu ist Frau Schreyvogl schlicht und einfach zu ladylike. An ihr wirkt selbst ein Trachtenkostüm von Gexi Tostmann wie ein zauberhaftes Ensemble von Coco Chanel.

Umso erstaunter sind wir deshalb, dass sie jetzt den Komponistengott der Klassik mit einer in der Tat doch recht herben Verbalinjurie belegt. Das irritiert ein wenig, doch Frau Schreyvogl liefert sogleich eine Erklärung für ihren Zorn, der ihr gerecht scheint.

»Dieser Mozart mag ja ein ganz passabler Komponist gewesen sein!« Sie ringt hörbar um Objektivität. »Aber, bitte, was der über uns Salzburger gesagt hat, das ist Nestbeschmutzung. Und wie er den Fürsterzbischof beleidigt hat, den guten alten Hieronymus von Colloredo! Ich mein, der Hieronymus war der Arbeitgeber von seinem Vater! Hätt' der Leopold Mozart nicht den Job g'habt beim Erzbischof, dann hätt' der kleine Wolferl nicht in ganz Europa umeinanderfahren können. Und sich wichtigmachen können als Wunderkind, auf den ganzen Fürstenhöfen. Da wär's ihm gegangen wie damals vielen andern Kindern. Da hätt's geheißen: Runter vom Schoß von der Kaiserin Maria Theresia und ab ins Salzbergwerk, du Rotzpipen! Na, weil's wahr ist!«

Frau Schreyvogl hat sich in Rage geredet. Jetzt macht sie einen letzten mächtigen Schluck, um gleich darauf zügig ein weiteres Glas Gin Tonic zu bestellen. Dann fährt sie zu uns gewandt fort: »Meine lieben Herren, ich sage Ihnen eines: Man beißt nicht die Hand, die einen füttert. Darum bin ich auch immer der Meinung gewesen, dass die Burgstaller damals recht gehabt hat, im 2011er-Jahr!«

Wir sind jetzt doch etwas irritiert.

»Sie meinen, dass Gabi Burgstaller, die damalige Salzburger Landeshauptfrau, recht gehabt hat, als sie Jean Ziegler als Festredner der Festspiele ausgeladen hat?!«

»Na selbstverständlich! Ich mein, ich habe sie natürlich nie gewählt, die Burgstaller, ich mein, sie ist ja eine Rote. Aber sie hat in diesem Fall recht gehabt!«

»Da sind wir ganz anderer Meinung!«, antworten wir und beweisen wieder einmal, dass wir österreichischen Seelenforscher Schneid und Rückgrat haben. »Jean Ziegler ist ein Humanist. Einer, der die ungerechten Handelsbedingungen zwischen den steinreichen Industrienationen und den afrikanischen Hungergesellschaften aufdeckt!«

»Gut, ja!«, erwidert Frau Schreyvogl und ist froh darüber, dass ihr zweiter Gin Tonic endlich eintrifft. »Dieser Ziegler hat sich für die Schwarzafrikaner eingesetzt, keine Frage, dafür verdient er den Respekt von einem ehrlichen Christenmenschen. Aber der Albert Schweitzer hat sich auch für die Neger eingesetzt, wie man die damals noch nennen durfte, bevor dieser ganze Wahnsinn mit dieser Political Correctness losgegangen ist. Aber bitte!«, fügt Frau Schreyvogl nun mit Verve hinzu: »Muss man, nur weil man die Schwarzafrikaner lieb hat, deshalb gleich auf Nestlé losgehen?«

Dazu eine kurze Erklärung: Jean Ziegler hat sich in mehreren Büchern kritisch mit Welternährungskonzernen, wie eben auch Nestlé einer ist, auseinandergesetzt. Auch im 2005 erschienenen Film *We feed the world* des Österreichers Erwin Wagenhofer wirft er diesen Konzernen vor, aus einem ungerechten, protektionistischen und damit in Wirklichkeit völlig unfreien Markt Milliardengewinne abzuschöpfen, während weltweit die Armut zunehme.

Nestlé ist Hauptsponsor der Salzburger Festspiele.

Dazu Peter Brabeck-Letmathe, Präsident des Verwaltungsrates, Nestlé S. A.:

»Nestlé sowie die Salzburger Festspiele verbindet eine gemeinsame Leidenschaft für Qualität. Das stetige Bestreben nach Spitzenleistung sowie das Bemühen, Tradition und Innovation zu verbinden, sind Basis unseres Erfolgs.«

Jean Ziegler wurde von Gabi Burgstaller offiziell wegen seiner Nähe zum libyschen Diktator Anwar al-Gaddafi ausgeladen. Ziegler hat sich wiederholt, öffentlich und heftig von Gaddafis Führungsstil distanziert.

Trotz seiner scharfen Kritik am Nestlé-Konzern fand er dagegen durchaus lobende Worte für den Verwaltungsratspräsidenten:

»Peter Brabeck ist ein hochanständiger Mann. Aber wenn er den Shareholder-Value, die Rendite auf das Kapital, nicht jedes Jahr um soundsoviel Prozent hinaufjagt, ist er nach drei Monaten nicht mehr der Präsident von Nestlé.«

Und Brabeck-Letmathe hatte im deutschen Magazin *Die Zeit* seinerseits Jean Ziegler bestätigt, dass er in vielem »recht hat«.

Wurde die damalige SPÖ-Landeshauptfrau also möglicherweise von einer ordentlichen Überdosis vorauseilendem Gehorsam geleitet?

Nein. Das muss nicht sein. Vielleicht war es nur schlicht und einfach Uninformiertheit. Über die desaströsen Machinationen bei den Landesfinanzen wusste Frau Burgstaller ja auch nicht Bescheid. Und trat deshalb 2013 nach einer Wahlniederlage als Landeshauptfrau zurück.

Wir haben nun unsere Doppelmokkas ausgetrunken, unsere Salzburger Nockerln verzehrt und verabschieden uns von Frau Schreyvogl. Sie hat sich als echte Salzburger Seele erwiesen: wertkonservativ mit einem Schuss schrägen Humors. Und erst jetzt im Weggehen merken wir, dass sie auch tierlieb ist:

Ihr zu Füßen sitzt ein gereifter, durchaus elegant wirkender Mops, der, wie sie uns noch schnell sagt, auf den Namen »Curd« hört. Nach Curd Jürgens, den Frau Schreyvogl 1973 als »Jedermann« gesehen hat, damals, als Frau Schreyvogl noch ein junges Hippiegirl war, oder das, was man sich in Salzburg damals unter einem jungen Hippiegirl vorgestellt hat.

Während wir hinausgehen, sehen wir, dass der elegante Kellner Curd eine kleine Jause serviert: Sacherwürstl mit einem Jour-

Semmerl. Curd wird nie auf Gut Aiderbichl enden, da sind wir uns sicher. Obwohl es dort ja sehr schön sein soll. An den Vorwürfen, Tierliebhaberinnen seien durch »Vorspiegelung falscher Tatsachen« Bargeld und Grundstücke abgeluchst worden, ist sicher nichts Wahres dran. Unter uns gesagt: Die meisten Tierliebhaber haben doch ohnehin einen Vogel, oder?

Wir haben es schon angedeutet: Wie die gesamte zivilisierte Welt ist auch Salzburg ziemlich pleite. Das, so fürchten Insider, könnte sich auch auf die Qualität der Festspiele auswirken. Was natürlich fatal wäre, zumal ja die Festspiele mit Nestlé gerade die Leidenschaft für Qualität teilen, wie wir bereits erfahren haben.
Da ist Innovation gefragt, also: eine Ausweitung des Private Sponsorings. Product Placement beim Jedermann*? Ja! Warum eigentlich nicht? Uns wurde eine fantastische Bearbeitung dieses Mysterienspiels »Vom Sterben des reichen Mannes« zugespielt, die wir hier erstmals einer breiten Öffentlichkeit präsentieren.*
Der Autor dieses innovativen Werks, in dem sich literarische Qualität mit sachlicher Produktinformation symbiotisch paart, sind weder Händlklaus noch Franzobel. Nein, es ist der Blunzenferdl aus Hallein, eine literarische Entdeckung des diesjährigen Unteraigener Literaturwochenendes.

Jedermann reloaded

Die Buhlschaft steht herum und raucht exzessiv.

Buhlschaft
Ich rauch als echte Femme fatale
pausenlos und gern *Pall-Mall.*
Doch muss ich laut Gesetz noch sagen:
Die was das Rauchen nicht vertragen
soll'n dasselbe lieber lassen
weil sonst an Krebs sie früh verblassen.

Jedermann tritt auf. Die Buhlschaft eilt auf ihn zu.

Buhlschaft
Schau, ich trag heut Schuh von *Prada*.
Und du wirst wirklich täglich blada!
Iss statt Butter nur mehr *Rama*
und trink kein Bier vom *Puntigamma*!

Jedermann
Eine, die schon seit der Schul pafft
spielt schon wieder meine Buhlschaft?
Aus Gram schütt ich in mich hinein
Lenz Mosers feinen herben Wein!

Er trinkt unter dem Beifall des Publikums eine Flasche Lenz Moser Selection ex aus.

Verwandlung.

Buhlschaft und Jedermann im Kreis der Tischgesellschaft, deren Mitglieder alle Red-Bull-Salzburg-Fan-T-Shirts tragen.

Tischgesellschaft *(Sprechchor)*
O Jedermann, wir danken dir
für vierzig Kisten *Stiegl-Bier*!
Für *Berger*-Schinken, *Anker*brot
aus *BILLAs* Sonderangebot.
Für *Coca-Cola, Milford*-Tee
für Räucherlachs vom *SPAR-Gourmet*.
Für den trock'nen Sekt vom *Henkell*
und den Kaviar vom *Schenkel*.

Buhlschaft *(zu Jedermann)*
Wie zahlst' das Essen für die G'frisa?
Mit *Mastercard* oder mit *VISA*?

Jedermann
Ich zahl das Ganze hier mit Cash.
Wie auch die ganze Unterwäsch
vom *Hugo Boss*, die ich gern trage!
Cash is fesch, gar keine Frage!

Der Mammon tritt auf und nimmt Platz.

Buhlschaft *(leise zu Jedermann)*
Wer ist der schiache Kerl dort?
Der passt doch nicht an diesen Ort!
Deichmann-Schuhe, Jeans vom *KIK*,
da sieht man auf den ersten Blick:
Ein Prolo sitzt an unserm Tisch
frisst unsern *Metro*-Räucherfisch!

Jedermann *(zu Mammon)*
Wer seid Ihr, Fremdling, saget an!
Fuhrt Ihr mit der *Bundesbahn*?
Kamt Ihr im eigenen *Mercedes*?
Mit *Puch*-Fahrrad? Oder per pedes?

Mammon
Der Mammon werde ich genannt.
Mich schickt der *Raiffeisenverband*.
Ich soll dir sagen, reicher Prasser:
Es herrscht Ebbe in der Kassa!
Du hast dich verspekuliert
jetzt wird alles einkassiert:
Nah dem Hotel *Zum weißen Rössel*
besitzt du ja ein schönes Schlössel
dort tut bereits der Kuckuck picken.
Genauso wie auf deiner schicken
Jacht und dem Geschenk vom Vati:
dem gagerlgelben *Maserati*!

Zum *AMS* musst du jetzt geh'n
dem Mammon sag: Auf Wiederseh'n.

Der Mammon geht ab.

Jedermann
Man pfändet Auto mir und Hütt'l?
Buhlschaft! Ein Beruhigungsmittel!
Krieg ich nicht gleich mein *Valium*
dann geht's mir schlecht, dann fall i um!

Buhlschaft
Bleib hier bei dir nicht länger hocken
mach mich auf die *La Perla*-Socken
Du musst die *Rolex* bald verpfänden –
unsre Beziehung wird jetzt enden!
Ich fahre an den Gardasee
im Cabrio von *BMW*!
Schau mich nicht so waidwund an,
ich sage Tschüss, mein Jedermann!

Die Buhlschaft geht ab.
Alle Mitglieder der Tischgesellschaft erheben sich.

Tischgesellschaft *(Sprechchor)*
Pfüat dich Gott, du Doppelnull!
Wir trinken jetzt unser *Red Bull*
nicht mehr bei dir. Du bist ein Witz!
Auf, auf zum Didi Mateschitz!

Die Tischgesellschaft ab.

Verwandlung. Düsternis. Jedermann allein.

Jedermann
Ohne Austern, *Veuve Cliquot*
macht mich das Leben nimmer froh.
Mir ist ganz schlecht, mir ist zum Speiben
ich glaub, ich werde mich entleiben.

Blitze und Donnergrollen. Der Tod tritt auf.

Tod
Jeeeeedermaaaann!
Jeeeeedermaaaann!
Ich bin der Tod, jetzt gemma's an!
Du warst Ausbeuter und Wüstling
Trickbetrüger und auch Lüstling
ein unmäßiges Ungeheuer – –
doch zahltest stets du Kirchensteuer!
Drum geht es dir bald nicht mehr mies
Der Tod bringt dich ins Paradies!

Jedermann
Ich ess noch eine *Sachertorte*
dann tret ich vor die Himmelspforte.

Jedermann geht ab.
Man hört von draußen einen Schuss.

Tod *(ins Publikum)*
Mit seiner *Glock* neun Millimeter
killt Jedermann sich etwas später.
Am Gardasee die Buhlschaft kichert.
Er war ja *Allianzversichert*!

Seelenlandschaft BURGENLAND: Sturm im Winzerpalast

Wir im Burgenland haben andere Voraussetzungen.

Hans Niessl, Landeshauptmann des Burgenlandes seit 28.12.2000

Stimmt es, dass du mehr verdienst als der Bundeskanzler? Stimmt es, dass du als Aufsichtsratsvorsitzender verbilligten Strom der BEWAG beziehst? Ist es wahr, dass du in deiner Freizeit mit Maschinenpistolen schießt?

Drei Fragen an den Landeshauptmann des Burgenlandes, Theodor Kery, gestellt am 28.02.1982 beim SPÖ-Parteitag von Josef Cap, damals Vorsitzender der Sozialistischen Jugend Österreichs

Das Burgenland ist das jüngste Bundesland Österreichs. Es ist erst 1921 nach einer Volksabstimmung endgültig Teil des Bundesgebiets geworden. In der Donaumonarchie gehörte es zur sogenannten ungarischen Reichshälfte. Die hier lebenden Deutschsprachigen konnten sich gewisser Privilegien erfreuen, die den Untertanen in »Cisleithanien« – also in der österreichischen Reichshälfte – lange Zeit nicht gewährt wurden: Die Ungarndeutschen durften auch evangelischen Glaubensgemeinschaften angehören. In Cisleithanien war das erst nach dem Toleranzpatent von Kaiser Joseph II. im Jahr 1781 möglich.
Jahrzehntelang galt das Burgenland als das Armenhaus Österreichs. Inzwischen nimmt das schwer verschuldete Kärnten nach einem Vierteljahrhundert ehrlicher, fleißiger, tüchtiger und anständiger Politik diesen Platz ein. Der im selben Zeitraum erfolgte Aufschwung des Landes rund um den zweitgrößten Steppensee Europas, den Neusiedlersee, ist nicht zuletzt den großzügigen finanziellen Förderungen durch die EU zu verdanken. Wer aber glaubt, die Burgenländer würden deshalb der Union Rosenblätter streuen und lobpreisende Dankschreiben nach Brüssel schicken, der irrt.

Doch gehen wir zurück zu den Anfängen der erfolgreichen Integration des östlichsten Bundeslandes in die damals noch junge Alpenrepublik. Die deutschnationalen Politiker nannten das damals allerdings nicht »Integration«, sondern gemäß der in diesen Kreisen ja bis heute üblichen völkisch-martialischen Ausdrucksweise die »Landnahme Westungarns«.

Nach dem erfolgreichen Volksentscheid für die Zugehörigkeit zu Österreich gab es zwei Probleme, die nach einer Lösung drängten: Das neue Bundesland hatte keine Namen und es hatte keine Hauptstadt.

Hauptstadt von Heinzenland

Die Bevölkerung von Ödenburg (ungarisch: Sopron) hatte für einen Verbleib bei Ungarn gestimmt. Durch dieses Votum standen die Burgenländer, die damals noch gar nicht Burgenländer hießen, plötzlich ohne Hauptstadt da. Vorerst wurde der Traditionskurort Bad Sauerbrunn provisorisch zum Sitz von Landtag und Landesregierung auserkoren. Am 19. Oktober 1925 einigte man sich dann auf Eisenstadt als Sitz der burgenländischen Landesregierung. Und damit wurde diese entzückende Kleinstadt auch de facto zur Landeshauptstadt gemacht.

Rascher als eine Hauptstadt fand man den Namen für das neue Bundesland. Es gab zwei Vorschläge: Der eine war »Vierburgenland«, der andere, aus heutiger Sicht deutlich lustigere, hieß »Heinzenland«. Dass sich der erste Vorschlag, nachdem man das »Vier« gestrichen hatte, als neue Bezeichnung für das alte Westungarn durchsetzte, ist allgemein bekannt. Nur: Auf welcher Grundlage entstand der zweite Namensvorschlag?

Die in Westungarn lebenden Deutschsprachigen wurden seit Jahrhunderten »Heinzen«, »Hianzen«, »Heanzen« oder »Hoanzen« genannt. Was ursprünglich vermutlich ein Spottname war, entwickelte sich schließlich zur selbstbewussten Eigenbezeichnung:

»Mir Hianzen sant koane Krowodn, Ungarn oder Zigeiner! Mir sant Deitsche!«

Den Spitznamen »Bummhianzen« soll sich die Bürgergarde der Stadt Güns (heute Köszeg) redlich verdient haben. Bei den intensiven Proben für das Salutschießen anlässlich des Besuches der Monarchin Maria Theresia soll man im Übereifer die ganze Munition verschossen haben. Als der hohe Gast dann eintraf, hoben die Gardisten ihre Gewehre und brüllten auf das Kommando »Feuer!!« ein vielstimmiges, lautes »Bumm«!!

Ob auch diese mannhafte und spontane Aktion dazu dienen sollte, sich deutlich von den anderen Volksgruppen im Lande, eben den Kroaten, den Ungarn und den Roma, abzugrenzen, ist unklar.

In diesem Zusammenhang sei als kleiner Exkurs angemerkt, dass es einige Burgenlandstämmige gibt, die sich durchaus über die Grenzen Österreichs hinaus im ganzen deutschen Sprachraum als Sprech- und Sprachkünstler großer Anerkennung erfreuen: Sie heißen zum Beispiel Grandits oder Stipsits oder Resetarits. Und sie sind allesamt keine »Heinzen«, sondern Burgenlandkroaten.

Aber wie gesagt – »Heinzenland« setzte sich schlussendlich ohnehin nicht durch. Eine mögliche Dialektvariante davon, nämlich »Hoanzl-Land«, kam offenbar nie zur Sprache. Wird sie vielleicht dereinst aber doch noch in Betracht gezogen werden? Schließlich ist »Hoanzl« ein bekanntes heimisches CD- und DVD-Label und der gleichnamige Firmeneigner einer der wohl erfolgreichsten burgenländischen Unternehmer, die nicht in Chicago leben und ihr Geld trotzdem nicht mit Drogen verdienen.

Apropos Chicago: Seit den Auswanderungswellen unmittelbar vor und nach dem Zweiten Weltkrieg ist die Metropole am Michigan See die größte burgenländische Stadt.

Apropos Drogen: Alkohol ist eine solche. Übrigens eine, die von so gut wie allen Experten als deutlich gefährlicher eingeschätzt wird als Cannabis. Dass Letzteres in der Alpenrepublik noch immer nicht freigegeben und Ersterer recht hemmungsfrei beworben wird, mag zwei Gründe haben:

Zum einen gilt Haschisch als morgenländisch-islamische, Alkohol aber als abendländisch-christliche Droge. Zum anderen sind im Gegensatz zum »Schwarzen Afghanen« hierzulande Grüner

Veltliner, Gelber Muskateller und Blaufränkischer wesentliche Wirtschaftsfaktoren. Der Blaufränkische ist übrigens *die* dominante Rebsorte im Burgenland. Wir aber tun uns bei unserer Feldforschung, die uns in die Region nördlich des Neusiedlersees führt, an einem herrlich leichten Welschriesling gütlich.

Der Uhudler als Seelenheiler

Die Location für unsere wissenschaftliche Recherche mit kulinarischem Genussmehrwert ist eine der prächtigsten Degustationshallen des Landes. In einem futuristisch anmutenden Ambiente werden hier nicht nur Weine, sondern auch Fleisch-, Wurst-, Käse- und Gemüseprodukte der Region verkostet.

Wir unterhalten uns mit Willibald, einem der angesagten Jungwinzer der Region.

»Alle Achtung!«, sagen wir und bemühen uns nicht einmal, unsere Bewunderung zu verhehlen. »Wir sind ja weiß Gott dank unserer Präsenz bei wissenschaftlichen Tagungen und Symposien weit herumgekommen in der Welt des guten Geschmacks ...«

»Jo freili!«, unterbricht uns Willibald mit einem schelmischen Lächeln. »Oba sowas Herrliches wie unseren Verkostungspalast, das hobts ihr no nirgends gsehen, göll?!«

»Nicht einmal im Burgund oder in der Champagne!«, erwidern wir zwei wie aus der Pistole geschossen und fügen hinzu: »Schon gar nicht an Rhein oder Mosel und erst recht nicht in La Rioja!«

»Oba das Ambiente ist nicht ollas«, relativiert Willibald unsere Lobhudelei.

»Nein, nein!«, sagen wir sofort eilfertig. »Es geht natürlich auch um die Qualität der Produkte: Der Welschriesling ist einmalig, der Rohschinken vom Mangalitzaschweinderl ist ein Gedicht und der Landeieraufstrich ein Traum!«

»Danke!«, sagt Willibald und macht eine wegwerfende Handbewegung. »Oba des wirklich Wichtige im Winzergschäft, des is de beinhorte Vermorktung! Der heitige Winzer is in erster Linie Vermorktungsstratege!«

»Wie meinen Sie das?!«, fragen wir Willibald und sind nun doch ein wenig pikiert. Soll etwa dem Kunden minderwertige Qualität marktschreierisch angedreht werden? Noch dazu mit diesem gewöhnungsbedürftigen burgenländischen Akzent? Aber nein! Wir können sofort wieder aufatmen. Willibald macht klar:

»Hurchts zua, i bring eich a Beischpü: Normale Menschen wie ihr und i san natirlich begeistert von an guatn Welschriesling, an guatn Rohschinken, an guatn Eieraufstrich. Owa«, und jetzt senkt er die Stimme ein wenig, »schauts do umme!«

Wir folgen seinem Blick und sehen drei Damen mittleren Alters. Sie tragen GEA-Schuhe, ebenso farbenfrohe wie reinseidene Saris und delektieren sich sichtlich an kulinarischen Köstlichkeiten.

»Diese drei von uns sehr geschätzten Kundinnen sant die reinen Veganerinnen, vastehts? Waunst an Veganer an Rohschinken und an Eieraufstrich hinstöllst, daun frisst der *des* net. Der frisst *di*, vor lauter Wut! Drum hob i fia solchene Leit meine Veggie-Schmankerln: Hirse-Laibchen mit Sauerampfer-Soß oder getrüffelte Heidensterz-Bällchen mit Kürbiskern-Pesto oder Ochsenherztomaten-Carpaccio mit gar nix für den Radikalveganer.«

»Und was trinken die Damen da dazu?«, fragen wir interessiert, nachdem wir unsere Blicke wieder Willibald zugewandt haben.

»Uhudler-Sekt!« Willibald grinst. »Wollts ihr vielleicht a an?«

»Unbedingt! Ja!« Wir verbergen unsere Begeisterung nicht. Der angesagte Jungwinzer macht eine lässige Handbewegung. Im Hintergrund sehen wir, wie ein Kellner in elegantem Outfit nickt und sich in Bewegung setzt.

Wenige Augenblicke später steht das roséfarbene und perlende Genussgetränk in schlanken Sektflöten vor uns. Der Ober, der es serviert hat, sieht genauso aus, als komme er gerade von einem Rendezvous mit der »Czardasfürstin«. Und er spricht auch so.

»Dos ist eine sähr gute Säkt aus die südliche Burgenland! Schmäckt äxzällänt!«

»Ihr sechts, mir sant do international sortiert«, meldet sich nun wieder Willibald zu Wort. »Net nur Produkte aus unserer Region, nein, auch aus dem Mittelburgenlaund. Und sogor Südburgenlaund! Bei uns do gibt es koa Fremdenfeindlichkeit net. De Südburgenländer hobn sogor meine größte Hochochtung! Dos sind echte PR- und Vermorktungsgenies. Beim Uhudler könnt ma sogn, die haum aus Scheiße Gold gemocht!«

Und Willibald erzählt uns, wie sehr der Uhudler jahrzehntelang verachtet worden sei. »Heckenklescher« oder »Rabiatperle« habe man ihn genannt, um seine angeblich mindere Qualität zu betonen. Und auch seine negativen Auswirkungen auf Geist und Seele. Der »Heckenklescher« mache den, der ihn konsumiere, blind und blöd, hieß es. Und die »Rabiatperle« verwandle Menschen von zartem Gemüt und feiner Lebensart blitzschnell in gewaltbereite Zornbinkel. Und auch die Originalbezeichnung »Uhudler« selbst geht vermutlich auf ein Spottmotiv zurück: Angeblich wurde der Wein so genannt, weil schon der Konsum von ein paar Gläschen dazu führe, dass sich bei dem Weingenießer dicke Ringe um die Augen bildeten, sodass sein Antlitz eine sprechende Ähnlichkeit mit dem eines Uhus bekäme. 1938 war der Anbau der Trauben für den Uhudler sogar verboten worden.

»Do sicht ma deitlich, dass unterm Hitler a net olles gut wor!«, sagt Winzer Willibald und lacht, weil er diese Bemerkung für einen guten Witz hält. In den letzten Jahren sei es aber gelungen, den Uhudler nicht nur zu rehabilitieren, sondern als regionsspezifisches und unverfälschtes Qualitätsprodukt auf dem Markt optimal zu platzieren.

»Und überhaupt der Uhudler-Sekt!« Willibald gerät ins Schwärmen. »De Franzosen mochen sich schon in die Hosen. Ist nur eine Froge der Zeit, bis der Uhudler den Champagner aus de Gourmettempel dieser Wölt ausseblost! De Nachkommen von der Witwe Cliquot kennan si jetztn schon worm aunziagn!«

Ja, selbstbewusst sind sie geworden, die Burgenländer! Als Fachanalytiker der Austro-Psyche macht uns das froh. Wir erinnern uns noch an eine Zeit, in der kollektive Depression das Land gelähmt hat. Ganz Österreich erzählte Burgenländerwitze. Sie waren diskriminierend und schon aus diesem Grund überhaupt nicht lustig. Dazu ein abschreckendes Beispiel: »Was macht ein

Burgenländer, wenn sein Boot unterzugehen droht? Er bohrt ein Loch, damit das Wasser abfließen kann.«

Kein Wunder, dass solche Demütigungen nicht ohne Folgen blieben. Doch irgendwann dann schlug das Burgenland zurück. Die zahllosen Intellektuellen des Landes gingen in Klausur und entwickelten selbst »Burgenländerwitze« – allerdings mit gegenläufigen Pointen.

Beispiel: »Ein Trupp Burgenländer bringt auf dem vereisten Neusiedlersee Erde auf. Dann wird diese Fläche in zahllose Grundstücke parzelliert. Sagt ein obergescheiter Fremdling: Denkt doch nach, Leute! Wenn im Frühjahr das Eis schmilzt, sind doch die ganzen Parzellen verschwunden. Antwort: Jo! Oba daunn haumma eh schon a jedes Grundstück aun an depperten Weana verkauft!«

Innovativ in Vergangenheit, Gegenwart & Zukunft

Apropos burgenländische Intellektuelle: In den österreichischen Wein- oder Glykol-Skandal der 80er-Jahre des letzten Jahrhunderts waren auch burgenländische Winzer verwickelt. Durch die Zugabe unter anderem von Frostschutzmitteln hatte man damals versucht, die Wertigkeit des Weines zu heben. Nachdem wir uns angefreundet hatten, stellte uns Willibald seinem Vater vor. Willibald senior hatte damals vor Winzerkollegen eine Brandrede gegen das neue Weingesetz gehalten. Und eine Lanze für die in Untersuchungshaft sitzenden Berufskollegen gebrochen. Da es davon eine VHS-Kassette gibt, durften wir auf einem Flatscreen im Weinkeller diesen beeindruckenden rhetorischen Auftritt von Willibald senior im Nachhinein miterleben. Dank guten Zuredens wurde uns schlussendlich das maschinschriftliche Original des Vortrags kopiert – und wir veröffentlichen hier nun ohne jeden Kommentar dieses hochinteressante Zeitdokument aus dem Jahr 1986:

Liebe Winzerinnen und Winzer!

Wir sind weniger geworden. Erfindergeist war in diesem Lande noch nie gefragt. In den Kerkern dieses Staates schmachten unsere kreativsten

Köpfe. Vor ihrem blutunterlaufenen geistigen Auge haben sie den Sieg des menschlichen Weingeistes über die schnöde Materie der Traube vorhergesehen – die endgültige Befreiung der Weinherstellung von der Rebe. Während in der Textilbranche seit Jahrzehnten die Verwendung von Kunstfasern üblich ist, wird die Verwendung von Kunstwein nach wie vor kriminalisiert! Das ist unlauterer Wettbewerb!!

Aber man hat nicht nur unsere Pioniere, diese Einsteins des Weinsteins, verfolgt und verhaftet. Nein, man verhindert weitere Forschungsarbeit, da man jene, die noch auf freiem Fuß sind, durch ein schändliches Weingesetz knebelt.

All dies geschieht in einer Zeit, liebe Winzerinnen und Winzer, in der die Weltverschwörung des internationalen Abstinenzlertums beständig an Boden gewinnt! Uralte alpenländische Werte geraten ins Wanken. Sinnenfrohe Säufer werden als Alkoholiker diffamiert und die Infiltration der heimischen Trinkerjugend mit artfremden Berauschungsmitteln nimmt weiter zu. Obwohl wir Winzer und Hauer mit der Zeit gehen und uns längst modernster Marketing-Methoden bedienen, lässt der durchschlagende Erfolg noch immer auf sich warten. So konnte weder die Einführung des preisgünstigen wie auch formschönen Tetrapacks für den engagierten Quartalamateur, noch die Großraum-Fünfliterbox für den Profi-Einspritzer zu einer konsequenten Vernichtung und somit optimalen volkswirtschaftlichen Verwertung das österreichischen Weinvorrates führen.

Doch trotz dieser widrigen Umstände geben wir nicht auf, liebe Freunde! Denn noch pulst der Grüne Veltliner unserer Vorfahren in unseren Adern. Erinnern wir uns doch der Zeit, in der in diesem Lande die Säufer vor Selbstbewusstsein strotzten: Stolz trugen sie ihre roten Nasen hochgereckt und umklammerten kraftvoll mit knorriger Faust das Viertel. Dabei spotteten sie feinsinnig in melodischem Lallton derer, die verschämt an einem Tschapperlwasser nuckelten.

Mutige Bekenntnisse wie »Einmal in der Woche fall i um!« oder »I riach den Wein schon kilometerweit!« waren charakteristisch für das kulturelle und geistige Leben in unserer schönen Heimat.

Aber während heute diese ebenso schlichte wie absatzfördernde Lyrik geradezu ein Schattendasein fristet, dürfen im Radio ausländische Neger mit ungewaschenen Locken die Legalisierung von Marihumamma fordern! Der

bekennende Trinker droht vollständig aus dem Weichbild unserer Städte zu verschwinden, zum Stillen Zecher zu verkommen, um schließlich – im schlimmsten aller Fälle – zum Anonymen Alkoholiker zu pervertieren.
Darum, liebe Winzerinnen und Winzer, heißt es, hier und heute Umkehr zur Einkehr zu halten. Saufen muss wieder »in« werden!
Mit positiv orientierten Parolen, wie »Meine Leber gehört mir« oder »Fett is beautiful« muss die bislang schweigende trinkende Mehrheit dem aggressiven Abstinenzlertum entgegentreten.
Mutige Avantgarde-Trinker, die auch vor extrem geschwefelten heimischen Rotweinsorten nicht zurückschrecken, sollten als Performance-Künstler anerkannt werden. Trink-Exhibitions im Rahmen der »Szene Wien«, die live von der Ö3-Musicbox übertragen werden, sind durchaus realistisch ins Auge zu fassen.
Neben einem Förderpreis der burgenländischen Winzergenossenschaft St. Martinus, der alljährlich für besondere Saufleistungen vergeben werden sollte, wäre vor allem auch ein Fonds zum Schutz von im Straßenverkehr verfolgten Trinkerpersönlichkeiten ins Leben zu rufen.
Und darum rufe ich euch zu, liebe Winzerinnen und Winzer: Angstfreies Tschechern muss wieder möglich sein, Trinkleistung soll sich wieder lohnen! Prost und ex!

Zeitsprung. Ortswechsel. Degustationshalle.

Zum Abschluss dieses wunderschönen Abends trinken wir mit Willibald senior und Willibald junior noch ein Viertel Sturm. Das passt gut, denn es ist Herbst, also Sturmzeit. Und wir werden damit auch dem Titel dieses Kapitels »Sturm im Winzerpalast« gerecht.

»Schön ist es hier!«, sagen wir und beide Willibalde nicken.

»Ehrlich gesogt«, meint der Senior, »à la longue gesehen, hot uns jo des teiflisch strenge Weingesetz, des wir domols mit olle Mittel bekämpft hoben, sehr genutzt! Der österreichische Wein im Ollgemeinen und der burgenländische im Speziellen, der steht heite so guat do, wie er no nie dogstaunden is!«

Allgemeines Nicken.

»Wichtig für die Entwicklung wor natirlich a die EU«, ergänzt nun der Junior. »Weul: Ohne dos Göld von denen hätt ma uns die gaunzen Eichenfässer für den Barrique und die ganzen Stohltanks net leisten können und den Weinverkostungssalon schon gor net!«

»Richtig!«, sagen wir. Und fügen hinzu: »Und dann gibt es Narren, die einen Öxit fordern. Auch da im Burgenland!«

Die Willibalde schauen uns verwundert an.

Dann sagt der Senior:

»Natürlich müss ma raus aus der EU. Wos sollen wir denn von denen noch kriegen?!«

»Mir haum doch schon olls!«, ergänzt der Junior.

Beide prosten uns lachend zu.

Seelenlandschaft VORARLBERG: Poeten und Textilgiganten

Over there, on those tracks, the fate of »Ulysses« was decided in 1915.

James Joyce, Irischer Schriftsteller

Das obige Zitat kann man auf einer Tafel auf dem Bahnhof in Feldkirch lesen. Übersetzt heißt es: »Dort drüben, auf diesen Schienen wurde 1915 das Schicksal des Ulysses entschieden.« In diesem Jahr 1915, als der Erste Weltkrieg noch jung und die Siegesgewissheit der heimischen Bevölkerung noch intakt war, kam der 33-jährige Joyce auf Durchreise ins Ländle, wo man ihn festhielt und verhörte. Er wurde schließlich als »befreundeter Ausländer« eingestuft, was er sicher mit Erleichterung zur Kenntnis nahm. Doch irgendetwas an diesem Verhör muss ihn literarisch inspiriert haben: Denn wie sagte es der wortgewaltige Ire doch so treffend?

»Der Erfinder der Notlüge liebte den Frieden mehr als die Wahrheit.«

Ziemlich genau zehn Jahre später war Ernest Hemingway im Montafon und von demselben begeistert. Rückschauend auf seine Schilauf-Erfahrungen schrieb er:

»Wir liebten Vorarlberg und wir liebten Schruns. Wir fuhren gegen Ende November hin und blieben beinahe bis Ostern!«

Was ist das Magische am Ländle, das diese zwei höchst unterschiedlichen Weltliteraten inspirierte?

Ehrlich: Wir haben keine Ahnung.

Kein Wiener Schmäh am Bodensee

Wir zwei müssen zugeben, dass wir über Vorarlberg wenig wissen, da es unserem subjektiven ostösterreichischen Verständnis nach hinter dem Arlberg liegt. Und alles, was hinter Bergen liegt, ist für Flachländer wie uns geheimnisvoll und mystisch. Es mag durchaus tausendmal schöner sein, als wir uns das vorstellen können: wie zum Beispiel Schneewittchen hinter den sieben Bergen bei den sieben Zwergen.

Aber beschwören können wir dies nicht.

Wir haben es in diesem Fall nicht einmal gewagt, eine Feldforschungsreise zu unternehmen. Das liegt daran, dass wir an zwei unterschiedlichen Phobien leiden: der eine von uns an Akrophobie, also Höhenangst, der andere an Klaustrophobie, also Angst vor engen Räumen. Die Angst des einen machte es uns unmöglich, über den Arlbergpass zu fahren, die des anderen verhinderte die Tunneldurchfahrt. Würden wir beide nicht auch noch an Geografiephobie leiden, so hätten wir über München anreisen können. Aber dass man auch auf diesem Weg, ohne höhere Berge überwinden zu müssen, an den Bodensee gelangen kann, das wurde uns leider zu spät gesagt. Sei's drum: Wissenschaftler wie wir ziehen ihre Schlüsse ohnehin viel lieber aus Büchern. Und wir schreiben auch gerne aus dem Internet ab. Dazu kommt, dass wir mit einer ganzen Reihe von im Wiener Exil lebenden und wirkenden Vorarlbergern beiderlei Geschlechts bekannt sind, die uns als seriöse und wortgewandte Auskunftspersonen über die ländlesche Lebensart gerne zur Verfügung standen.

Auf jeden Fall liegt unser Verzicht auf die Feldforschungsreise ins Ländle nicht darin begründet, dass wir Angst gehabt hätten, mit faulen Eiern beworfen zu werden.

Denn die Anti-Wien-Leidenschaft der autochthonen alemannischen Bevölkerung hat im letzten halben Jahrhundert doch deutlich abgenommen. Damals allerdings – 1964 – war hierzuländle die Hölle los: Otto Probst, der sozialistische Verkehrsminister der großkoalitionären Zentralregierung, hatte sich erfrecht, einem – im Auftrag der ÖBB in der niederösterreichischen Schiffswerft Korneuburg gebauten – funkelnagelneuen Bodenseeschiff den Namen »Karl Renner« geben zu wollen.

Die *Vorarlberger Nachrichten* tobten: Es gäbe einen Beschluss der Landesregierung, wonach das elegante neue Wasserfahrzeug »Vorarlberg« heißen solle. Den Beschluss gab es tatsächlich. Da aber das Schiff vollständig von den staatlichen ÖBB finanziert worden war, leitete das Verkehrsministerium daraus für sich das Recht zur Namensgebung ab.

Die Landesregierung hatte benannt. Das Ministerium wollte benennen. Eine delikate Situation.

Den klügsten Juristenköpfen standen die Haare zu Berge und es rauchte ihnen das Hirn. Doch der Rauch war nicht weiß. Ergo gab es kein »Habemus nomen!«. Eine allgemein akzeptierte Lösung konnte nicht gefunden werden, zumal die Zeit drängte und Rechtsgelehrte ungern hudeln.

Bei der Schiffstaufe am 20. Jänner 1964 zu Fußach kam es dann zum Eklat: Die aus Wien angereisten Ehrengäste wurden mit Reimen aus dem Schatzkästlein der Vorarlberger Volksdichtung empfangen: »Obst für Probst!«, riefen 20 000 Demonstranten in Sprechchören und bewarfen die Möchtegern-Schiffstaufpaten mit »Tomätle« und »Aüöli«, also Paradeisern und Eiern. Während der verkehrsministerielle Hofstaat eilends das bereitgestellte Schiff »Österreich« bestieg und damit auf dem schäumenden Bodensee der Demütigung entfloh, nahmen die entfesselten Gsiberger ihrerseits eine »Nottaufe« vor. Bei der wurde dem neuen Schifflein der lokalpatriotische Name »Vorarlberg« gegeben, der später, als die Wogen der Emotion geglättet waren, auch offiziell bestätigt ward.

Auch heute noch durchpflügt die generalüberholte »Vorarlberg« ebenso majestätisch wie flott das Wasser von Mitteleuropas drittgrößtem See.

Diese aktionistische Demonstration ging als »Fußach-Affäre« in die österreichischen Annalen ein. Die Angelegenheit wird in unregelmäßigen Abständen immer wieder gerne aufgewärmt. Und je nach politischer Orientierung entweder als glanzvoller Sieg des Föderalismus wider die schnöde Zentralgewalt oder aber schlicht als Ausdruck provinzieller Trottelei bezeichnet.

Wir beide enthalten uns selbstverständlich jedweder Wertung.

Wir fragen uns aber: Wieso eigentlich haben sich die Wiener Politiker damals so völlig schutzlos dem Volkszorn der Gsiberger ausgesetzt?

»Das ist doch ganz klar!«, erklärt uns Marcel, der junge Computerfachmann

aus Bludenz, während er unsere Wandercomputer gegen Viren impft. »Ihr Ostler traut uns keine solchen anarchistischen Aktionen zu. Ihr glaubt ja, wir seien allesamt reinliche und kreuzbrave Häuslebauer. Und unsere Rechtschaffenheit werde nicht einmal durch gelegentliche Übertretungen der Straßenverkehrsordnung getrübt.«

»So ist es!«, erwidern wir dem jugendlichen High-Tech-Experten. »Alle oppositionellen Elemente schickt ihr auf den Balkan, also nach Wien. Dort gründen die dann linksgrüne Stadtzeitungen, machen feministisches Kabarett oder stellen anderen Unfug an!«

»Genau!«, sagt Marcel und lacht schelmisch. »Zum Beispiel Anti-Viren-Programme in eure Notebooks einbauen, gell? Weil euch Ossi-Ösis dafür die praktische Intelligenz fehlt!«

»Ossi-Ösis? Eine unglaubliche Frechheit!«, erwidern wir. »Die spinnen, die Vorarlberger!«

»Das ist richtig!«, meint Marcel. »Wir haben schon immer gesponnen. Schon seit vielen Generationen. Und damit ohne zu murren das Bruttosozialprodukt gesteigert.«

Huber-Trikot macht froh!

Der gereifte Teil unserer geschätzten Leserschaft wird sich vermutlich noch an diesen prachtvollen Slogan des Vorarlberger Unterwäscheherstellers erinnern. Bis heute zählt die Huber-Holding in Götzis zu den österreichischen »Renommierunternehmen« mit multinationaler Präsenz. Insgesamt ist die Textilindustrie nach wie vor ein wesentlicher Wirtschaftszweig im Ländle. Textilheimarbeit in großem Stil gab es hier bereits um die Mitte des 18. Jahrhunderts – und zwar in drei Gewerbezweigen: Weberei, Spinnerei und Stickerei. Lediglich die Stickerei war eine reine Frauenarbeit. Entgegen landläufigen Klischees saßen auch Männer am Webstuhl und am Spinnrad – an dem übrigens auch Kinder im Regelfall ab dem sechsten Lebensjahr arbeiten mussten.

Parallel zur Heimarbeit gab es auch schon sehr früh Manufakturbetriebe. Die Manufaktur ist eine Vorform der Fabrik, in der die Herstellung der Produkte aber handwerklich und noch nicht maschinell erfolgt. Unternehmer griffen in dieser industriellen Frühzeit oft auf beide Produktionsarten zurück.

Dazu ein Beispiel:

Carl Bernhard Caspar von der Trave hatte 1767 in seiner Manufaktur in Bregenz 19 Webstühle in Betrieb – an 28 weiteren arbeiteten Familien in Heimarbeit.

Anfang des 19. Jahrhunderts hielt dann der Manchesterkapitalismus Einzug in Vorarlberg – und zwar im wahren Sinne des Wortes: Der aus Manchester stammende Peter Kennedy gründete mit seinem Schweizer Schwager Albert Escher und dessen Vater 1827 in Feldkirch die Spinnerei Escher, Kennedy & Co.

Doch die Heim-, Manufaktur- und Fabrikarbeit führte noch lange nicht zu dem allgemeinen Wohlstand, den wir heute mit dem Land der Alemannen in Verbindung bringen. In Zeiten der Wirtschaftsflaute nahm im 19. Jahrhundert das Bettlerwesen im Ländle zu. Vor allem jene, die neben ihrer Lohnarbeitstätigkeit keine kleine Landwirtschaft besaßen, konnten rasch in bittere Not geraten. In der Gemeinde Lustenau etwa soll mehr als die Hälfte der Bevölkerung zeitweilig gezwungen gewesen sein, sich durch Bettelei am Leben zu erhalten. Dass es hierorts aber noch eine andere Möglichkeit gab, sich in Zeiten der Wirtschaftsdepression wenigstens halbwegs über Wasser zu halten, das belegt der Text eines alten Lustenauer Volksliedes:

Ein armer Schmuggler bin ich zwar,
verdien mein Geld stets in Gefahr.
Doch wenn die Grenzwacht am Ufer ruht,
dann geht das Schmuggeln, Schmuggeln doppelt gut.

Wir fahren aus dem Rhein heraus
und laden unsre Säcke aus.
Dann kommen Lustenauer groß und klein,
a jeda, a jeda will a Schmuggler sein.

Und werden wir einmal erwischt,
so zahlen wir die kurze Frist.
Ja vierundzwanzig Stunden kost es bloß,
dann geht der Schmuggel, Schmuggel wieder los.

Und ist vorbei der Monat Mai
dann ist vorbei die Schmugglerei.
Dann führ ich's Liebchen zum Traualtar.
Es lebe hoch das Schmugglerpaar.

Und wenn ich einst gestorben bin,
dann setzt mir einen Grabstein hin,
auf dem die Worte geschrieben stehn:
Erst jetzt, erst jetzt lass ich das Schmuggeln gehn!

Nachdem wir ihm diesen Text zu lesen gegeben, zeigt sich Marcel begeistert: »Na bitte, da seht ihr's doch! Unglaubliche kriminelle Energie steckt in der Vorarlberger Volksseele. Von wegen brav und bieder, gell?! Ha! Dass ich nicht lache!«

Er lacht. Wir nicht. Wir denken nach.
Sollte der Jungspund, sollte dieser Computerfreak recht haben? Sollte sich tatsächlich hinter der biederen Maske des kreuzbraven Ländlebewohners die scheußliche Fratze eines skrupellosen Gesetzesbrechers verbergen?
Nein. Wir können das nicht glauben. Und wir finden gute Gründe dafür: Der eine von uns erinnert an die Tatsache, dass man im Ländle immer besonders streng die Gesetze auszulegen wusste. Damals, als wir jung waren, also vor etwa neununddreißig Jahren, war uns schon aufgefallen, dass Filme, die in Wien ab vierzehn freigegeben waren, in Vorarlberg das Prädikat »Strengstes Jugendverbot« trugen.
Doch der andere von uns meint: »Okay, ja – aber da gibt es diesen eigenartigen Satz, den man uns anonym zugeschickt hat. Und den wir inhaltlich nicht vollständig verstehen. Ob das eine Geheimsprache ist? Gaunersprache womöglich??«

»Marcel, kannst du uns sagen, was auf dem Zettel steht?«, fragt der eine von uns. Dabei reicht er dem juvenilen Computergenie den Zettel.

»Bi üs ischdt as im Sommr so hauöß, das ma d' Aüöli ir Pfädtönö brodtö könndt!«

Marcel nickt wissend.

»Das ist mit einem grünen Filzstift geschrieben!«, sagt er.

»Großartig, ja! Darauf sind wir auch schon gekommen«, sagen wir mit leichtem Sarkasmus in der Stimme. »Aber was heißt es? Was will uns dieser Satz sagen?«

»Nicht die Spur von einer Ahnung!«, erwidert der Computervirenkiller und fügt hinzu: »Das ist Lustenauerisch. Lustenau ist eine Sprachinsel.«

»Ist das nicht ganz Vorarlberg?«, fragt der eine von uns und der andere lacht zustimmend.

»Lustenauerisch verstehen jedenfalls nur die Lustenauer!« Marcel wirft uns einen vernichtenden Blick zu und schenkt seine ganze Aufmerksamkeit wieder den Notebooks.

»Gottlob ist der Satz also nicht aus einer Gaunersprache!«, stellen wir beruhigt fest. Und dann fällt uns noch etwas ein, das unsere These von der völligen Kriminalitätsabstinenz des vorarlbergischen Durchschnittsbürgers weiter massiv stützt: Während man unter Justizminister Christian Broda in der 1970er-Jahren sehr zum Leidwesen des Zeitungs-Boulevards »humanen Strafvollzug« praktizierte – – – hat man da nicht gerade in der Gemeinde Höchst im schönen Rheindelta eine wertkonservative Kontraposition zu diesen humanistischen Irrlehren eingenommen?

»Genau!«, sagt der eine von uns. »Die Gemeindekotter-Affäre! Die müssen wir sofort recherchieren!«

»Sofort geht gar nix!«, mischt sich da der überbezahlte Bludenzer Virenkiller ins Gespräch. »Ich muss noch einem Trojaner den Garaus machen. Dann könnt ihr hinein ins Netz – in zirka zehn Minuten.«

Zehn Minuten? Optimal! Da gehen sich genau zwei Gläschen Prosecco pro Mann aus, um die Gehirnganglien zu aktivieren. Dann machen wir uns ans Recherchieren. Und Sie, liebe gebildete Leserin, nehmen sich jetzt am besten auch einen Drink ihrer Wahl, genauso wie übrigens auch Sie, lieber charmanter Leser: Denn jetzt wird es wirklich heavy, wie man das in Wissenschaftlerkreisen auszudrücken pflegt.

Weltrekord im Gemeindekotter

Zwar nur etwa siebzig Libellenarten, aber immerhin mehr als dreihundertdreißig Vogelarten leben im wunderschönen Rheindelta. Doch an diesem 1. April Anno Domini 1979 zwitscherte keines dieser Vogerln dem achtzehnjährigen Maurergesellen Andreas M. die folgenden warnenden Worte ins Ohr:

»Tschiwitt, tschiwitt, tschiwitt, tschiwitt! Du lieber Anderl, fahr heut nit in einem andern Auto mit! Denn tust du das, wird das nicht klass und macht dir sicher keinen Spaß! Tschiwitt, tschiwitt! Nein! Fahr nit mit!«

Doch da er diese Nachricht nicht erhalten hatte, setzte sich Andreas M. als Passagier in ein Auto, das bald darauf in einen Unfall verwickelt war. Die sofort vom Gendarmerieposten der Gemeinde Höchst höchstpersönlich herangeeilte Beamtendreifaltigkeit fackelte nicht lange: Der leichtsinnige junge Mann wurde festgenommen und in den Gemeindekotter gesperrt. Schließlich stand er unter dem dringenden Tatverdacht, in einem PKW gewesen zu sein, der in einen Verkehrsunfall verwickelt wurde!

Man mag dies aus heutiger Sicht unter Umständen nicht als Kapitalverbrechen ansehen. Aber damals, 1979, bitteschön, waren die äußeren Rahmenbedingungen doch völlig andere: Erstens gab es noch immer die Sowjetunion, zweitens eine unverminderte terroristische Bedrohung durch die RAF und drittens – bereits zu diesem frühen Zeitpunkt – auch schon muslimische Gastarbeiter in Vorarlberg!

Drei gute Gründe also, die diese Inhaftierung mehr als nur nachvollziehbar machen! Außerdem konnte man offenbar des Fahrers des Unfall-PKWs nicht habhaft werden. Jedenfalls wird er in keiner Quelle, die wir studiert haben, erwähnt. Das wäre noch ein weiterer redlicher Grund gewesen, in Ermangelung des Fahrers wenigstens den Beifahrer einzulochen. Denn ein Gendarmerieeinsatz ganz ohne Verhaftung ist wie ein Bundesland ohne Landeshauptstadt, wie man das in Niederösterreich damals formuliert hätte.

Leider, und das muss schonungslos kritisch angemerkt werden, kam es dann zu einem Kommunikationsproblem zwischen den drei Gendarmen. Dies führte letztendlich dazu, dass der Maurergeselle 18 – in Worten: achtzehn – Tage in diesem Kotter verbrachte. Und zwar nicht bei Wasser und Brot. Denn das wäre aus zwei Gründen unmenschlich gewesen: Erstens hätte eine bewusste Inhaftierung bei Wasser und Brot über achtzehn Tage der Menschenrechtskonvention widersprochen. Zweitens wäre Andreas M. so niemals in das Guinness-Buch der Rekorde gekommen. Er hält nämlich den Weltrekord im längsten Überleben ohne die Versorgung mit Nahrung oder Flüssigkeiten! Eben nur dadurch, dass er weder Wasser noch Brot – selbstverständlich auch keine Käseknöpfli oder Mohrenbräu-Bier – erhielt, konnte der damals Achtzehnjährige diesen fantastischen Rekord erreichen, den er heute immer noch hält.

Bleibt noch die Frage zu klären, wie er das Ganze überhaupt überleben konnte? Nun, das hatte er der Tatsache zu verdanken, dass man in diesen Tagen in der Gemeinde Höchst Wertkonservatismus und Brauchtumspflege hochhielt. Somit entsprach der Gemeindekotter auch voll und ganz seinem Namen. Das heißt, es handelte sich dabei um keinen Prunkbau des »humanen Strafvollzugs«, sondern um ein gutes, altes, feuchtes Kellerloch. Und das sich hier bildende Kondenswasser leckte Andreas M. von den Wänden.

Als er nach fast drei Wochen und dem erfolgreichen Ignorieren einer Abgängigkeitsanzeige, die seine Mutter eingebracht hatte, vom scharfen Auge des Gesetzes dann doch wiederentdeckt ward, hatte er zwar fast 24 Kilogramm verloren, war aber noch am Leben.

Wiewohl die Sache also durchaus glimpflich verlaufen war, bekamen die drei Gendarmen die ganze Wucht des Gesetzes zu spüren: Sie wurden von einem Gericht für ihre kleine Unaufmerksamkeit zum Zahlen einer Geldbuße in Höhe von umgerechnet 2000 Euro verdonnert! Zwei Jahre nach seiner Freilassung bekam Andreas M. die fabulöse Unsumme von fast 19 000 Euro für das erlittene Leid zugesprochen. Damit wurde das Vertrauen in den Rechtsstaat und seine Exekutivorgane vollständig wiederhergestellt.

MOMENT! Ehe wir dieses Kapitel schließen, sind wir Ihnen noch die Auflösung unseres Lustenauer Sprachrätsels schuldig. Wie uns eine polyglotte Native Speakerin überzeugend erklärt hat, lautet die Übersetzung des Satzes

Bi üs ischdt as im Sommr so hauöß, das ma d' Aüöli ir Pfädtönö brodtö könndt!

wie folgt:

Bei uns ist es im Sommer so heiß, dass man die Eier in der Dachrinne braten könnte!

Einige Wortbedeutungen in diesem Satz konnten wir selbst entschlüsseln. Aber wir müssen zugeben: Dass »Pfädtönö« Dachrinne heißt, darauf wären wir nü und nümmer gekommen.

Seelenlandschaft OBERÖSTERREICH: Hunderl, Herrl, Hoamatlaund

Voll Kurzweil ist das Linzer Treiben!
Drum auf nach Linz und lasst uns dorten bleiben!

Fritz von Herzmanovsky-Orlando, Dramatiker und Schriftsteller

Wir möchten hier an dieser Stelle gleich vorneweg eine heikle Frage beantworten: Nein, Adolf Hitler ist kein typischer Oberösterreicher! Er ist auch kein typischer Innviertler! Und auch kein typischer Braunauer!

Wir behaupten das nicht einfach so, sondern wir können es hieb- und stichfest beweisen: Natürlich gibt es neben Adolf Hitler auch andere Oberösterreicher, ja selbst Braunauer und damit in jedem Fall auch Innviertler, die bekennende Vegetarier sind. Und der eine oder die andere von ihnen ist auch bei Aufnahmeprüfungen an einer Wiener Kunsthochschule durchgefallen. Einige von diesen mögen daraufhin aus Frust und Trotz nach Bayern emigriert sein.

Aber: Keiner und keine dieser oberösterreichischen Aufnahmeprüfungsverlierer hat jemals a) die Tschechoslowakei besetzt oder b) die Sowjetunion ohne Kriegserklärung überfallen und c) schon gar nicht den USA den Krieg erklärt!

Einzig mögliche Schlussfolgerung: Hitler ist eine singuläre Erscheinung unter den Oberösterreichern und somit für das dortige Seelenbild ohne jeden Belang.

Wir werden ihn daher nicht mehr erwähnen.

Außer, es lässt sich nicht vermeiden.

In Linz beginnt's

Wir säßen gerne auf der Esplanade in Bad Ischl, wo die Traditionskonditorei Zauner nicht nur ihren legendären »Zauner Stollen« anbietet, sondern alles, was das Herz begehrt und der Kardiologe verbietet. Aber es herbstelt schon ein wenig. Und im Salzkammergut neigen wir immer ein wenig zur Depression, wenn der Sommer vorbei ist – also ab Mitte August. Wir sind ja keine Walzerkönige wie Johann Strauß, der einmal mit strahlendem Lächeln gesagt hat: »Jetzt erst wird's in Ischl schön! Wie ich höre, wird's nicht mehr aufhören zu regnen! Eine prachtvolle Aussicht für mich!«

Wenn es regnet, dann sind wir lieber in Linz. Denn dort ist das auch schon egal. Jetzt eben stehen wir an einem Traditions-Würstelstand, von dem aus wir durch die Wassertropfen schemenhaft das Brucknerhaus erkennen können. Der Traditions-Würstelstand will ungenannt bleiben, deshalb müssen wir für ihn einen Namen erfinden. Wir nennen ihn »Zur eiskalten Hanni«. Das finden wir lustig, da ja ein bekannter innerstädtischer Linzer Würstelstand »Warmer Hans« heißt. Und so einen Namen können wir nicht erfinden, den gibt es wirklich.

Frau Hanni hat uns herrliche Bratwürstel bereitet, die sie mit Kraut serviert. Wir sind begeistert und wollen das auch sagen.

»Früher, in unserer Studentenzeit …«

»Also knapp nach'm Krieg, goi?«, unterbricht uns Frau Hanni und lacht.

Doch wir lassen uns nicht beirren.

»Früher, in unserer Studentenzeit in den 1970er-Jahren, haben wir gelegentlich auch Seminare an der hiesigen Uni besucht. Soweit wir uns erinnern können, hat es an den Linzer Würstelständen damals überall Bratwürstel mit Kraut gegeben. Eigentlich nur Bratwürstel mit Kraut und sonst gar nix. Aber heute ist das eher eine Seltenheit, oder?«

»Da tun Sie hundertprozentig recht hobn, goi?«, erwidert Frau Hanni. An ihrem Sprachakzent erkennen wir, dass sie Innviertlerin ist. Der Innviertler Dialekt zeichnet sich durch eine besondere Lieblichkeit aus. Man hat das Gefühl, als würde er immer mit einem spitzen Mündchen gesprochen. Einzelne Sprachpatterns werden dabei gerne mit einem rhetorisch fragenden »Goi?« abgerundet.

Fritz Basil, deutscher Regisseur, Schauspieler und Schauspiellehrer, mag seine liebe Not damit gehabt haben, dem jungen Braunauer, der 1919 bei ihm Sprechunterrichtsstunden genommen hat, diese liebliche Sprachmelodie auszutreiben. Denn wer ein erfolgreicher Hassprediger werden will, der darf nicht zwitschern wie ein Spatz. Der muss dröhnen wie ein Reichsadler. Besser gesagt: Er muss so sprechen, wie sich der kleine Horsti einen dröhnenden Reichsadler vorstellt. Er darf also nicht sagen: »I glaub mir miassns recht drawig augeh, goi?, waunn ma am End gwinna woin, goi? Weil sunst samma söber schuld, waunn ma am End net gwinna soiterten, goi?« Der Hassprediger muss vielmehr stahlhart verkünden: »Ös üst Eule geboten, um den Öndsög zu örrüngen! Und an allem schold üst der Jode!«

Fritz Basil war leider ein sehr erfolgreicher Sprechlehrer, wie die Geschichte belegt.

Aber zurück zu Hanni. Sie alteriert sich über den Verlust der heimischen Linzer Fast-Food-Tradition. Denn, so meint sie, früher habe man hohngelacht ob der Tatsache, dass man in Wien zur Bratwurst niemals Kraut serviert bekam. Als Unkultur habe man die Klobasse und Käsekrainer empfunden, wenn man als Landjugend angehalten war, die Bundeshauptstadt kennenzulernen.

»Und heit?«, ereifert sich die engagierte Würschtlerin und macht eine kleine Kunstpause, während der sie eine Seideldose Zipferbier leert. Wir staunen ob ihrer Fertigkeit, dabei keine nach außen sichtbaren Schluckbewegungen zu machen.

»Heit gibts überoi in Linz bei de Imbisse die eitrige Wiener Käsekrainer und die narrische Soizburger Bosna, goi?« Frau Hanni ereifert sich zusehends. »Dabei kimmt in Wirklichkeit die Krainer net amoi aus Wien, sondern aus Slowenien und die Bosna net aus Soizburg, sondern aus Bulgarien, goi?! Owa bei uns ess ma des Zeigs do, stott dass ma unsere eigenen Bratwürschtl mit Kraut noch Slowenien exportieren taten oder owe zu de Bulgaren, goi? Und warum is des so?«

Frau Hanni sieht uns fragend an. Doch wir wissen keine Antwort. Also wird sie uns von Frau Hanni gegeben:

»Weil wir Oberösterreicher von Natur aus vü zu bescheiden san, goi?«

Der Oberösterreicher an sich soll viel zu bescheiden sein? Eine interessante These, ebenso bedenkenswert wie auch bedenklich. »Bescheidenheit ist eine Zier, doch weiter kommt man ohne ihr!« So schlussfolgert der Volksmund – grammatikalisch falsch, doch inhaltlich durchaus richtig. Denn auch für den Analytiker der Psyche ist übertriebene Bescheidenheit oft Ausdruck eines Minderwertigkeitskomplexes. Sollte also in den vier Vierteln Oberösterreichs, dem Hausruck-, Inn-, Traun- und Mühlviertel, ein tief sitzender Minderwertigkeitskomplex psychogenetisch seit Generationen weitergegeben werden?

Während wir diese These im Regen an einem Würstelstand erörtern, erklingt aus den Lautsprechern der Hit eines großen Oberösterreichers. Nein, es ist nicht Bruckners »Ave Maria«, sondern Waterloo & Robinsons »Good old Hollywood is dying«. Wir sehen einander an. Klar! Auch dieses Meisterwerk abendländischen Liedschaffens scheint Ausdruck einer tiefen Depression zu sein. Wird hier nicht das sterbende, ja eigentlich schon tote, gute alte Hollywood zum Signum für den schmerzlichen Verlust eines viel schöneren Gestern? Flüchtet man sich hier nicht kollektiv in eine rückgewandte Utopie, weil man sich aufgrund eines tief sitzenden Minderwertigkeitskomplexes den Herausforderungen des Heute nicht zu stellen wagt?

Wir müssen weiterforschen!

Gotisches Schnitzwerk und knusprige Enten

Wir sitzen in einem Bummelzug der ÖBB, denn wir fahren nach Kefermarkt im Mühlviertel, um uns daselbst den berühmten gotischen Altar anzusehen. Und dabei durch Analyse dieses Symbols des Metaphysischen und der Frömmigkeit vielleicht genauere Aufschlüsse über weitere Aspekte der oberösterreichischen Seele zu erlangen. Dass die Fahrt gemessen an der kurzen Wegstrecke eine halbe Ewigkeit dauert, stört uns nicht. Denn wie immer bereiten wir uns - gewissenhaft mittels unserer iPads googelnd - auf das zu erwartende Kulturerlebnis vor. Und solch gut Ding braucht durchaus Weile. Zumal dann, wenn der Zug kein WLAN an Bord hat.

»Da schau her! Der Stifter Bertl hat sich ab 1853 für die Restaurierung des Kefermarkter Flügelaltars stark gemacht«, sagt der eine von uns, während der andere ergänzt: »Ja, ich les das auch grad. Damals war er Landeskonservator für Oberösterreich der k. k. Central-Commission zur Erforschung und Erhaltung der Baudenkmale!«

»Ach Gottchen, ja, Adalbert Stifter, der Entenfresser!«

Der Herr, der dies sagt, sitzt uns gegenüber und legt eben das deutsche Wochenmagazin *ZEIT* beiseite. Er ist um die vierzig, trägt eine Baseballkappe der New York Yankees, John-Lennon-Brillen und kommt hörbar aus Deutschland.

»Moment, ja?!« Wir antworten scharf und pfeilschnell. »In erster Linie war Stifter wohl kein Entenfresser, sondern ein großer Dichter, nicht wahr?!«

»Ja, ja!«, lenkt der Deutsche ein. Dann stellt er sich vor. Er heißt Kai-Uwe Wuttke, ist promovierter Chemiker und arbeitet seit einem halben Jahr im Chemie-Park Linz. Er ist ein begeisterter Fan des Mühlviertels, das er in seiner Freizeit gerne mit dem Motorrad durchstreift. Und mit der Eisenbahn, wenn das Motorrad beim Service ist, was derzeit gerade der Fall ist.

Sein ausgeprägtes Fachwissen über Adalbert Stifter beschränkt sich auf dessen Ernährungsgewohnheiten, von denen Wuttke uns nun einige angeblich überprüfte Details eröffnet:

So soll der feinsinnige Dichterfürst ein geradezu dionysischer Esser und auch Trinker gewesen sein, der weder dem Weine noch dem Biere abhold war. Die tägliche Nahrungsaufnahme habe er im Regelfall nicht auf drei, sondern auf sechs Mahlzeiten aufgeteilt, erklärt Wuttke mit süffisantem Grinsen.

»Interessant!«, erwidern wir. »Mehrere Mahlzeiten mit kleinen Portionen? Das entspricht durchaus modernen ernährungswissenschaftlichen Erkenntnissen!«

»Mit *kleinen* Portionen, ja!«, stimmt Wuttke scheinbar zu. Um dann allerdings darauf zu verweisen, dass solche *kleinen* Portionen in Stifters Ernährungskonzept nicht vorgesehen waren. Bereits zum Gabelfrühstück soll er sich gerne ein Wiener Schnitzel mit Erdäpfelsalat gegönnt haben, Mittagsschmaus und abendliches Diner bestanden aus jeweils drei Gängen. Einer mehrfach beschworenen Legende zufolge soll er dabei nach einer Vorspeise, die aus drei Forellen bestand, als Hauptgericht alleine eine ganze Ente verzehrt haben.

Nachdem Wuttke uns das erzählt hat, kommt uns eine Anekdote in den Sinn, die ein hochgebildeter Tullner Amtsdirektor einmal bei einem Gläschen Weißburgunder erzählt hat. Seine Großeltern hätten wiederholt darauf verwiesen, dass die Ente aus kulinarischer Sicht ein »deppertes Viech« sei.

Warum?

»Für einen zu viel, für zwei zu wenig!«

Nachdem wir uns von Wuttke verabschiedet haben, dessen Reiseziel das zwei Stationen entfernte Freistadt ist, steigen wir in Kefermarkt aus und eilen schnurstracks zur Kirche. Die herrlichen Schnitzarbeiten am Flügelaltar beeindrucken uns tief. Wieder einmal stellen wir fest, dass uns nur aus jenen Ortschaften und Marktflecken, die im 16. und 17. Jahrhundert bettelarm waren, diese herrlichen Kunstschätze bis heute überliefert sind. Überall dort, wo Geld da war, wurde auf Teufel komm raus barockisiert und das Überkommene zerstört.

Unsere resignative kulturpessimistische Conclusio: Materieller Reichtum fördert weder Traditionsbewusstsein noch Geschmackssicherheit.

Jetzt ist es schon Abend geworden. Die Herbstnebel steigen auf, doch wir sind bereits gut aufgehoben in der wohligen Gemütlichkeit der Kirchenwirtshausstube. Ein Angebot auf der Karte hat uns mit Heiterkeit und Frohsinn erfüllt – und so essen wir jetzt gemeinsam eine Adalbert-Stifter-Gedenkente. Mit Blaukraut und Erdäpfelknödeln. Dazu trinken wir einen Cabernet Sauvignon und führen unseren wissenschaftlichen Diskurs weiter:

»Stifter ist das beste Beispiel dafür, dass nicht alle Oberösterreicher an übertriebener Bescheidenheit leiden! Ein sinnenfroher Bacchant, der sogar seinen Verleger jahrelang warten ließ. Er aß und trank lieber, als sich bei der Fertigstellung seines historischen

Romans *Witiko* stressen zu lassen.« Der eine von uns beiden sagt das mit Begeisterung.

»Genau!«, ergänzt der andere. »Und dass er sich am Ende mit seinem Rasiermesser die Kehle durchschnitt, das war auch kein Resultat einer tiefen Depression als Folge eines Minderwertigkeitskomplexes!«

»Nein«, meint jetzt wieder der eine. »Es war der bewusste Akt eines Menschen, der seinem Leben ein Ende setzen wollte. Weil er nicht gewillt war, die Schmerzen zu ertragen, die ihn als Folge seiner Leberzirrhose quälten!«

Wir prosten einander zu und machen eine neuerliche Zwischenanalyse. Nein, es gibt keine übertriebene Bescheidenheit bei den Oberösterreicherinnen und Oberösterreichern und somit schon gar keinen kollektiven Minderwertigkeitskomplex. Nur sinnenfrohe Genussbereitschaft auf hohem Kulturniveau.

In diesem Augenblick beginnt eine örtliche Liedertafel in einem Nebenraum mit der Probenarbeit. Gedämpft, aber durchaus verständlich dringen die ersten Worte der Landeshymne an unser Ohr:

Hoamatland, Hoamatland! han di so gern. Wiar a Kinderl sein Muader, a Hünderl sein' Herrn.

Wir stutzen. Natürlich kennen wir den Text. Aber so präsent, wie er uns nun in den Ohren klingt, war er uns schon seit langer Zeit nicht mehr. Synchron nehmen wir zwei einen Schluck vom Rotwein. Und Frau Hanni, die Linzer Würstelgastronomin, taucht schemenhaft wieder vor unserem geistigen Auge auf. *Wiar a Hünderl sein' Herrn!* Die eigene Heimatliebe mit der hündischen Zuneigung irgendeines Pinschers zu seinem Herrl gleichzusetzen, das scheint uns nun denn doch arg! Das erinnert nun wieder sehr an übertriebene Bescheidenheit und alles überlagernde Minderwertigkeitskomplexe. Und schwingt da nicht auch eine kritiklose Demut vor der Obrigkeit mit?

Schlagartig fällt uns dazu eine Geschichte ein, die wir vor langer Zeit gelesen haben. Wieder einmal geht es um einen der großen

Musikgiganten Oberösterreichs, aber diesmal ist nicht Hansi Kreuzmayr vulgo Waterloo gemeint. Obwohl der Titel des folgenden Kapitels dies vermuten lassen könnte:

Harsche Kritik und blaue Wunder

Wir schreiben das Jahr 1868. Anton Bruckner ist im Alter von 44 Jahren von Linz nach Wien übersiedelt. Bald darf er hier die Pluralität großstädtischer Musikkritik kennenlernen. In klassischer Wiener Journaille-Manier kopieren die Schreibkapläne all das, was der Kritikerpapst formuliert. Der Papst heißt Eduard Hanslick und wurde bald zur Hauptfigur in Bruckners Albträumen.

Denn Hanslick, die »Edelfeder« der *Neuen Freien Presse*, lobte zwar den Orgelvirtuosen Bruckner, der auch im Ausland – in Nancy, Paris und London – große Erfolge feierte, am Komponisten Bruckner aber ließ er kein gutes Haar. Er verglich ihn beständig mit Johannes Brahms, wobei er den Deutschen immer um Lichtjahre höher wertete.

Selbst als Bruckners 7. Sinfonie bei der Kritik in Deutschland nach der Leipziger Uraufführung euphorische Lobeshymnen einheimste, wurde sie in der *Neuen Freien Presse* als »unnatürlich aufgeblasen, krankhaft und verderblich« beschrieben.

Bruckner hätte Gründe genug gehabt, dieses Geschwafel zu ignorieren. Nicht nur internationaler Ruhm, auch nationale Anerkennung war im zuteil geworden. Immerhin hatte ihm der Kaiser für sein »Te Deum« den Franz-Joseph-Orden verliehen. Und just bei jener Audienz am 23. September 1886, bei der sich der Ansfeldener Lehrersohn bei seiner Apostolischen Majestät für die Ordensverleihung bedanken wollte, fragte ihn der Monarch, ob er einen Wunsch habe, den der Kaiser ihm erfüllen könne: »Majestät«, soll Bruckner darauf erwidert haben, »wenn S' halt dem Hanslick verbieten täten, dass er immer so schlecht über mich schreibt.«

Das ist schon ein bisserl der Stil eines Hunderls, das zu seinem Landesherrl petzen geht, goi?

Apropos »Hündchen« und »Landesherrchen«: Vor Kurzem hat uns eine Dame aus Oberösterreich erzählt, sie habe sich »so a Sacherl« gekauft. Das »Sacherl« stellte sich dann als Vierkanthof mit 600 qm Wohnfläche und zwei Hektar Grund heraus. Man neigt hierzulande zum Diminutiv, zur Verkleinerungsform. Ob das Innviertler Führerl damals eigentlich nur ein Kriegerl führen wollte, dass sich dann leider doch zu einem Weltkatastropherl auswuchs?

Nein – lassen wir diese Geschmacklosigkeiten! Für die sorgen derzeit ohnehin andere Zeitgenossen in überreicher Form. Zum Beispiel Manfred Haimbuchner, Landeshauptmannstellvertreter des Landes ob der Enns und Landesvorsitzender einer Partei, die – wie Jörg Haider einmal betonte – nicht die Nachfolgeorganisation der NSDAP ist.

»Denn wären wir das«, so meinte das oberösterreichische Jörgele vollmundig, »dann hätten wir die absolute Mehrheit!«

Ohne falsche Bescheidenheit tut Haimbuchner auf einer offiziellen Internetseite des Landes kund, was er a) für sein Leben gerne isst, b) gerne hört und c) gerne liest. Die dreifältige Antwort lautet: Schweinsbraten, Beethoven und Ernst von Salomon. Nun, die Antworten a) und b) werden breite Zustimmung weit über alle Parteigrenzen hinweg gefunden haben. Allerdings werden sich selbst emsige Mitläufer der blauen Bewegung gefragt haben: Wer, um Himmels willen, ist dieser Ernst von Salomon??

Kurze Antwort: Ein deutscher Nationalist, der in jungen Jahren als Mitglied der rechtsterroristischen *Organisation Consul* aktiv an der Vorbereitung zum Mordattentat auf Walther Rathenau beteiligt war.

Mit der Nennung dieses Herrn als seinen Lieblingsautor beweist der Landeshauptmannstellvertreter überzeugend und selbstbewusst, dass man auch als Noch-nicht-Vierzigjähriger durchaus schon ein ewig Gestriger sein kann. Ein kleines Quäntchen von bescheidener Selbstreflexion wäre hier vielleicht doch angesagt.

Fassen wir zusammen: Wir können der oberösterreichischen Gesamtpsyche keine auf einem Minderwertigkeitskomplex beruhende übertriebene Bescheidenheit und daraus resultierende Depressionsneigung unterstellen. Allerdings auch keine überschwängliche Dauereuphorie, die auf einer sinnenfrohen Lebensbejahung fußt. Es ist wohl von allem etwas dabei und manchmal darf es auch ein bisserl mehr sein.

Ein schönes Beispiel für diese Gefühlsdialektik haben wir in Thomas Bernhard gefunden. Der Wahl-Traunviertler mit weiterem Wohnsitz im Hausruckviertel gilt allgemein als Dauerkritikus und Meister der literarischen Nörgelei. Immer wieder wurde ihm von Wertkonservativen oder Deutschnationalen, aber auch von Sozialdemokraten »Netzbeschmutzung« unterstellt. Und jene, die sich durch manches seiner Worte besudelt sahen, mögen sich damit getröstet haben, dass Bernhard selbst ein todunglücklicher Miesepeter und Griesgram war.

Weit gefehlt. Der Dichterfürst konnte auch ein durchaus lustiger Kampel sein. Wer's nicht glaubt, der lese das Tagebuch seines Nachbarn, des Ferkelhändlers und Immobilienmaklers Karl Ignaz Hennetmair. Hier zwei kleine Ausschnitte:

11. Februar 1972 – Bernhard erhielt die amtliche Bestätigung, dass er für seinen Vierkanthof keine Grundsteuer bezahlen müsse, da er Landwirt sei.

»Thomas freute sich über diese Bescheinigung und sagte: So obigstrabelt, wie um Landwirt zu werden, habe ich mich bei meiner ganzen Schreiberei nicht. Meine Schreiberei ist mir viel leichter gefallen, als es zum Landwirt zu bringen.«

20. November 1972 – Bernhard war auf der Bank.

»Um 9 Uhr kam Thomas zur Tür herein. Er sagte, dass das Darlehen gesichert sei. Dabei lachte Thomas sehr verschmitzt ... Weißt du, ich kann doch nicht als feinsinniger Dichter zur Bank gehen und Geld für ein Haus verlangen, das ich gar nicht brauche ... Und da habe ich mir halt gedacht, wenn ich dem Bankdirektor sage, dass mein Elternhaus verkauft wird und in fremde Hände gelangen könnte, wenn ich es nicht kaufe, dann sieht das viel besser aus. Der

Bankdirektor war so gerührt und so nett, dass er mir den Kreditrahmen sofort auf 350 000 Schilling erhöht hat!«

Und da sage noch einer, Dichter seien nicht geschäftstüchtig. Darauf können wir nur ohne falsche Bescheidenheit antworten: Die in Oberösterreich lebenden schon!

Auch Franz Stelzhamer, der Poet, der den von uns schon teilweise zitierten Text zur oberösterreichischen Landeshymne geschrieben hat, scheint im Lukrieren von Mammon recht ausgefuchst gewesen zu sein. Immerhin gelang es ihm, dem Land Oberösterreich einen »Ehrensold« herauszulocken, der ihm ein gesichertes Leben ermöglichen sollte. Eine Legende bescheinigt dem Mundartdichterfürsten aber, dass er trotzdem mit seinem Geld nicht gut ausgekommen sein soll: Das Stelzhamer-Denkmal in Ried im Innkreis ist so aufgestellt, dass die Figur einem Gasthaus den Rücken zukehrt. Sie tue das deshalb, weil Stelzhamer in diesem Wirtshaus noch immer Schulden habe.

Als gewiefte Austro-Psychoanalytiker scheint uns das nach einer wissenschaftlichen Textanalyse durchaus möglich, vielleicht sogar wahrscheinlich. In einer Strophe der Landeshymne heißt es:

»Dahoam is dahoam, wannst net fort muaßt, so bleib; denn d'Hoamat is ehnter der zweit Muaderleib.«

Die Heimat sei also so etwas wie der zweite »Mutterleib« - und man solle sie nicht verlassen. Wer aber geboren werden, also »zur Welt kommen« will, der muss nun einmal raus aus dem Mutterleib!

Möglicherweise ist dieser Text unbewusster Ausdruck eines pränatalen Traumas, einer panischen Furcht vor dem Geborenwerden, einer Weltangst.

Und Menschen, die unter solch diffusen Ängsten leiden, neigen nun einmal zu Suchtverhalten, z. B. Alkohol-Abusus, und Beschaffungskriminalität, z. B. Zechprellerei. Im Fall Franz Stelzhamers wird das Ganze aber nicht so schlimm gewesen sein. Dessen sind wir uns sicher.

Dritter Teil

Dort gehen wir hin

Und morgen?

Psychologen und Seelenanalytiker sollten stets bemüht sein, sich die Rahmenbedingungen anzusehen, unter denen sich psychische Gesundheit entfalten kann. Das setzt aber voraus, dass man sich mit der Entwicklung der Gesellschaft in den nächsten Jahrzehnten beschäftigt. Im letzten Abschnitt dieses Buches werden wir uns also der Zukunftsforschung widmen.

Prophezeiungen werden schon seit jeher gemacht. Und sie sind manchmal auch beliebt. Vor allem dann, wenn sie etwas Positives vorhersagen. Etwa, dass Österreich Fußballeuropameister, Richard Lugner im Alter zur Vernunft kommen oder die FPÖ eine für Demokraten wählbare Partei wird. Solche Prophezeiungen kommen gut an, haben aber den Nachteil, dass sie falsch sind.

Richtigen Voraussagen hingegen wird oftmals kein Glauben geschenkt. Das wohl berühmteste Beispiel dafür ist die Reaktion auf die Weissagungen der trojanischen Prinzessin Kassandra - eine Geschichte, die uns allen aus der »Ilias« bekannt ist.

»Ihr Einfaltspinsel, sperrt eure ungewaschenen Ohren auf!« So oder so ähnlich kündete Kassandra mit unheilschwangerer Stimme. »Die Griechen werden euch ein Geschenk machen in Form eines riesigen Rosses. Lasset es nicht ein in die Stadt Troja! Denn im Bauche des Pferdes befinden sich schwer bewaffnete Krieger, die uns allen den Garaus machen werden!«

Doch die Trojaner hohnlachten der Prophetin, öffneten das Stadttor dem Geschenk der Danaer, aus dem Pferd sprangen nächtens finster blickende Männer mit hellenischem Migrationshintergrund und der Rest wird dann in Köhlmeiers »Odyssee« erzählt.

Wir aber gehen weiter und stellen fest, dass seit der Zeit der Aufklärung Prophezeiungen immer mehr verwissenschaftlicht wurden. Man nennt sie seither »Prognosen«. Prophezeiungen im klassischen, also voraufklärerischen Sinne gibt es zwar auch immer noch, sie werden aber im Regelfall von Herrschaften mit ausgeprägter Sozialauffälligkeit gemacht. Normalerweise wird dabei auf Basis indianischer Kalender, keltischer Baumhoroskope oder sorgsam ausgewählter Sätze des Nostradamus der unmittelbar bevorstehende Weltuntergang vorhergesagt.

Propheten mit rechter politischer Orientierung zeichnen auch gerne ein Zukunftsbild, in dem durch »Chemtrails« verblödete Massen von einer kleinen Elite aus steinreichen jüdisch-jesuitisch-freimaurerischen Bilderbergern in düsterer Sklaverei gehalten werden. Als Chemtrails bezeichnet der geschulte rechte Apokalyptiker die Kondensstreifen der Düsenflugzeuge. Mit diesen Chemtrails, behaupten sie, werden von Dunkelmächten gezielt schädliche Chemikalien verbreitet, um der wackeren, blitzgescheiten Bevölkerung Mut und Verstand zu rauben. Schutz dagegen bietet laut Aussage garantiert nichtstaatlich geprüfter Fachleute der formschöne und modische Aluminium-Schutzhut – solange in diesen nicht der Blitz einschlägt.

Im Gegensatz dazu sind die wissenschaftlich fundierten Prognosen schon aus einem ganz anderen Holz geschnitzt – um ein etwas abgegriffenes, aber ökologisch einwandfreies Bild zu gebrauchen. Sie werden meist von promovierten, oft gar habilitierten Wissenschaftskräften mit akribischer Genauigkeit erstellt und stimmen häufig – auch nicht. Leider. Denn der Brexit kam dann eben doch, der Saure Regen aber nicht in dem Ausmaß, wie 1984 vorhergesagt. Und die Wirtschaftswachstumsprognosen werden seit Jahren monatlich nach unten korrigiert.

Aber die Radio-Wettervorhersagen stimmen meist, weil man sie klugerweise immer allgemeiner formuliert:

»Das Wetter bleibt auch am Wochenende beständig unbeständig. Auf Regen oder Schnee kann Sonnenschein folgen, sofern sich die Wolken verziehen. Die Tagestemperaturen liegen zwischen minus 12 und plus 36 Grad. Und in 2000 Metern Höhe ist es um ein paar Grade kälter als in der Ebene. Ein schönes Wochenende wünscht Ihnen Herbert Kartas.«

Besonders am Beginn des 20. Jahrhunderts, als die auf mathematisch-statistischer Basis ruhende Prognostik noch deutlich jünger und kühner war, traf man dementsprechend selbstsicher sehr weitreichende Aussagen.

So wurde um 1910, als Wien knapp über zwei Millionen Einwohner hatte, für das Jahr 1950 eine Bevölkerungszahl von mehr als fünf Millionen vorhergesagt. Auch das größte Umweltproblem dieser Megacity der Zukunft sah man mit mathematischer Präzision voraus: Durch den rasant ansteigenden Fiaker- und Kutschenindividualverkehr würde zwangsläufig auch die Zahl der von den Rössern abgesonderten Pferdeäpfel gigantisch zunehmen. Logische, wissenschaftlich fundierte Schlussfolgerung: Wien wird im Pferdemist ersticken!!!

Warum wir Ihnen das alles erzählen? Weil wir seriöse Seelenanalytiker sind und Sie nicht mit Fehleinschätzungen über künftige Entwicklungen beunruhigen wollen. Also hinterfragen Sie die folgenden letzten Kapitel dieses Buches kritisch. Denn wir werden nun auch Prognosen wagen. Und zwar in zwei Richtungen.

Erstens: Wohin können wir uns als kosmopolitische, empathische Österreicher entwickeln? Zumal dann, wenn die EU zerfällt? Sollen wir als entfaltete Unions-Europäer wieder in die Enge eines Kleinstaates gezwängt werden? Oder gibt es andere Möglichkeiten? Wir wollen das anhand eines Szenarios erörtern, von dem wir nicht behaupten wollen, dass es eintreten muss. Sollte es aber doch Wirklichkeit werden, dann wäre es sicher nicht die schlechteste Lösung für den Kontinent Europa und für die schwer geprüfte österreichische Kollektivseele.

Zweitens: Gibt es ein spezifisch österreichisches Paradies? Welche Vorstellungen haben wir von einem Leben danach? Immer wieder haben wir auf unseren Feldforschungsreisen dazu Interessantes hören dürfen. Blitzschnell haben wir dann in solchen Fällen unser digitales Aufnahmegerät eingeschaltet und Erstaunliches archivieren können. So vielfältig die Landschaft unseres herrlichen Vaterlandes ist, so verschieden sind seine Menschen. Und so unterschiedlich sind die Antworten auf die Frage: »Was erwartet uns, wenn der letzte Berg erklommen, der letzte Walzer getanzt und der letzte schwarz verdiente Euro auf einem Konto in Liechtenstein geparkt ist?«

Sind Sie neugierig geworden? Dann machen Sie sich bereit für das große Finale!

Die große Europa-Prognose

Zwischenstaatlich organisiert sind in Europa
nur das Verbrechen und der Kapitalismus.

Kurt Tucholsky, Schriftsteller und Satiriker

Sie erinnern sich noch an unser esoterisches Paar Agathe und Schurl? Kurz zur Gedächtnisstütze: Beide arbeiten in verschiedenen Meinungsforschungsinstituten. Doch darüber hinaus ist Schurl ein anerkannter Tischerlrücker und Tarotkartenaufleger, Agathe eine herausragende Kaffeesudleserin mit internationaler Fangemeinde dank eines eigenen YouTube-Channels. Und beider Vornamen haben wir aus Anonymisierungsgründen geändert.

Als wir unsere letzte Séance bei ihnen verlassen haben, hat sie ihm ein Stück Sachertorte gereicht. Unsere sofort aufkommenden Verdächtigungen, Agathe könnte sich bei dieser Darreichung die Giftmörderin Blauensteiner zum Vorbild genommen haben, erwiesen sich als völlig unbegründet. Schurl ist nach wie vor quietschvergnügt, legt in alter Frische Tarotkarten und begründet mit Charme und Eloquenz im Fernsehen, warum sein Institut bei den Wahlprognosen dauernd so erschreckend daneben liegt.

Für unser folgendes Projekt brauchen wir ihn allerdings ohnehin nicht in seiner esoterischen Funktion. Denn für Antworten auf unsere Zukunftsfrage »Wie bitte geht es mit uns weiter in Europa?« ist Agathes hochwertige Kaffeesud-Analyse die Methode, die bedeutend mehr Erfolg verspricht als Tischerlrücken und das ganze unwissenschaftliche Tarotkartenzeug.

Also hat Schurl den Kaffee gekocht, Agathe hat penibel und höchst ausführlich den Sud gelesen und wir haben diese Leseergebnisse in wochenlanger Arbeit feinsäuberlich protokolliert.

Begonnen hatte alles mit dem britischen Referendum vom 23. Juni 2016, als 51,9 % der Wähler für den »Brexit« stimmten – also für den Austritt Großbritanniens aus der EU.

In den folgenden zehn Jahren kam es dann zu einigen Turbulenzen: Die Schotten verlangten bereits 2017 lautstark ihrerseits ein Referendum, allerdings eines über den Austritt aus dem Vereinigten Königreich. Dieser Forderung schloss sich auch Nordirland an. Nach langem Hin und Her wurde das dann den Nordiren nicht gewährt, den Schotten aber schon. Als nach zähen internen und externen Verhandlungen die Schotten 2024 dann endlich in die EU aufgenommen werden sollten, war diese nicht mehr das, was sie einmal gewesen war.

Aber der Reihe nach: Nach dem »Schwexit«, also dem Austritt der Schweizer aus der Union, in der sie nie Mitglied gewesen waren, gab es auch für Tschechen, Polen und Ungarn kein Halten mehr. Zügig kam es rasch hintereinander zum »Tschexit« »Polexit« und »Magyarexit«. Letzterer wurde aber nur in Ungarn so genannt, da man ihn im übrigen Europa nicht korrekt aussprechen konnte. Da nannte man das Ganze »Hungarexit«.

Doch die Austrittswelle war damit nicht abgeebbt – im Gegenteil: Aus Angst vor einer sprunghaften Zunahme der Nicht-EU-Ausländer in Europa und damit vor einem neuen Flüchtlingsstrom aus dem Osten, wählten die Franzosen sofort Marine Le Pen zur Präsidentin. Diese vollzog daraufhin den »Frexit« und kündigte die flächendeckende »Re-Katholisierung der Grande Nation« an. Für die sich dadurch bedroht fühlenden französischen Muslime fand sich rasch eine Lösung: Die Vereinigten Arabischen Emirate kauften Spanien die Provinz Andalusien zu einem horrenden Preis ab, den der Emir von Dubai schweren Herzens aus der Portokasse bezahlte.

Die spanische Regierung hatte dieses Geld dringend nötig: Nach ihrem »Hispanexit« hatten sich sowohl Katalonien als auch das Baskenland unabhängig erklärt – aus Protest gegen »diese selbstherrliche Entscheidung der Zentralregierung«. Madrid blieb auf einem Schuldenberg sitzen und musste auch noch auf die Fremdenverkehrs-Steuereinnahmen aus der Costa Brava, der baskischen Atlantikküste und aus Barcelona und Bilbao verzichten.

Nach dem Abschluss des Andalusien-Deals kam es sofort zur Wiederausrufung des Kalifats von Cordoba, das von 929 bis 1031 bereits bestanden hatte. Gleichzeitig wurde das Emirat von Granada wiederbegründet, das es von 1238 bis 1492 auch schon gegeben hatte. Im nunmehr überwiegend muslimisch besiedelten Andalusien waren also gleich zwei Staaten entstanden, die einander misstrauisch beäugten.

Als 2024 dann die Schotten der EU beitreten wollten, war diese schon wirklich merklich geschrumpft – sie bestand inzwischen nur mehr aus Griechenland.

Das hatte sich nach langen, zähen und teilweise polemisch geführten Verhandlungen mit sich selbst einen Schuldenschnitt gewährt. Allerdings unter der sehr streng formulierten Bedingung, dass Griechenland alle Strukturreformen umsetzen müsse, die von der EU – also Griechenland – gefordert wurden.

Die Beitrittsverhandlungen mit der Türkei waren überraschenderweise noch immer nicht abgebrochen worden, gingen aber nur schleppend voran.

Denn die Forderung der EU, der sogenannte »Türkische Kaffee« müsse EU-weit in »Griechischer Kaffee« unbenannt werden, genauso wie »Kebab« ab sofort »Gyros« heißen müsse, lehnte die Türkei kategorisch ab. Und sie hielt demonstrativ Militärmanöver in Antalya ab – vorzugsweise in unmittelbarer Nähe von Kaffeehäusern und Kebab-Imbissen.

Zurück zu den Schotten: Die hatten keine Lust mehr, sich dieser reduzierten EU anzuschließen. Aber auch den Lockungen der Engländer widerstand man mannhaft. Eine Wiedereingliederung in das Vereinigte Königreich, um damit aus »Little Britain« wieder ein »Great Britain« zu machen, wurde abgelehnt. Die kurze Begründung der Regierung in Edinburgh: »Fuck the Englishmen!« wurde für die internationalen Nachrichtenagenturen ein wenig abgeändert und lautete nun: »The strong Scottish people is most powerful alone!«

Mit dieser nationalistischen Haltung standen die Schotten in Europa keineswegs alleine da. Bis 2026 führte der Zerfall der EU nicht nur zu einer Aufgliederung in die alten Nationalstaaten, sondern diese selbst zerfielen wiederum in regionale Teilstaaten. Dazu seien nur einige markante Beispiele aufgeführt:

- Von Italien spaltete sich der Norden als Republik Padanien ab, deren Hauptstadt Mailand wurde.
- Der Freistadt Bayern trat aus der Bundesrepublik Deutschland aus; Sachsen und Thüringen vereinigten sich zur AIDR, zur Antiislamischen Deutschen Republik und wählten mit einer Mehrheit von 92 % Frauke Petry zur Präsidentin. Sämtliche Muslime wanderten eilends in einen der zwei andalusischen Staaten aus.
- Belgien zerfiel in drei Staaten – in Wallonien mit der Hauptstadt Namur, Flandern mit Antwerpen als Regierungssitz, in den Stadtstaat Brüssel, nachdem man ja das EU-Zentrum nach Athen verlegt hatte. Dazu kam der diplomatisch allerdings von niemandem anerkannte islamische Zwergstaat Molenbeek.

Und Österreich?

Nun, die österreichische Bevölkerung hatte den Öxit abgelehnt. Und zwar mit der Begründung, man sei ohnehin nie dabei gewesen. Denn bei der Volksabstimmung 1994, bei der mehr als zwei Drittel für den EU-Beitritt gestimmt hatten, sei man übel getäuscht worden. Deshalb sei diese ungültig. Diese Haltung wurde vom Verfassungsgerichtshof bestätigt, zumal bei der damaligen Stimmenauszählung in St. Nepomuk am Wörthersee zwei FPÖ-Beisitzer zwölf kleine Obstler getrunken hatten. Obwohl die Kärntner Wahlordnung damals das Trinken von maximal zehn Obstlern während der Ausübung dieses freiwilligen Beisitzeramtes gestattete. Die inzwischen greisen Beisitzer hatten nun ihr Vergehen selbst angezeigt und erhielten dafür das *Eiserne Verdienstkreuz der Partei mit gekreuzten Kugelschreibern und Espenlaub.*

Aber grundsätzlich war man in Österreich schwer enttäuscht über die Folgen des EU-Zusammenbruchs, genauso, wie man vorher über die EU schwer enttäuscht gewesen war. Oder, allgemein gesagt: Man ist hierzulande immer schwer enttäuscht, außer in jenen Zeiten, in denen man gerade schwer getäuscht wird. Ökonomisch gesehen ging vieles den Bach runter. Die Balkanisierung Europas mit den zahllosen Klein- und Stadtstaaten hatte auch die Märkte verkleinert und verengt. Es boomten eigentlich nur mehr zwei Industriezweige - die Stacheldrahthersteller und die Papiererzeuger. Erstere, weil pausenlos neue Grenzzäune aufgestellt wurden, und Letztere, weil der Papierbedarf für Visaformulare und Zollerklärungen binnen Kurzem exponenziell anstieg. Ansonsten machte sich eine Dauerrezession breit. Die Stimmung in den Wiener Kaffeehäusern erinnerte frappant an jene unmittelbar nach dem Ersten Weltkrieg. Einziger Unterschied: Diesmal waren deutlich weniger Intellektuelle unter den Kaffeehausbesuchen als damals. Aber die diskutierten Themen ähnelten sich. Ein Kleinstaat wie Österreich, der nicht mehr in einen großen Markt vertraglich eingebunden ist, der sei einfach nicht lebensfähig, sagten die einen. Unsinn, erwiderten die anderen. Es komme nicht auf die Größe an - ein Argument, das man auch aus anderen Zusammenhängen kennt -, es gehe vielmehr darum, dass man einen Zugang zum Meer mit einem Seehafen besitze.

»Dann«, fügten Verfechter dieser Auffassung hinzu, »ist es völlig powidl, wie klein der Staat auch sein mag. Stadtstaaten wie Genua oder Venedig waren jahrhundertelang europäische Großmächte!«

Seit alters her findet in Österreich alles, was auf dem Land in den Wirts- und in Wien in den Kaffeehäusern besprochen wird, über kurz oder lang Eingang in die große Politik. So auch in diesem Fall.

Die Kleinstaaterweiterungsfraktion nahm Geheimverhandlungen mit der Republik Padanien auf, um die Möglichkeiten für eine Wiedereingliederung Südtirols in Österreich auszuloten. Die Padanier, die vom ehemaligen »Groß-Italien« die aus dem Südtirolpaket erwachsenden Verpflichtungen übernehmen hatten müssen, zeigten sich gar nicht schroff ablehnend - eigentlich ganz im Gegenteil. Letztendlich scheiterte alles an den Südtirolern selbst. Die waren, wie Vertreter von ihnen ungeniert erklärten, inzwischen gerne Norditaliener: Das Essen sei hier gesünder, der Fußball und die Schulen seien besser und die staatlichen Förderungen deutlich opulenter, als sie das in Österreich jemals sein würden.

Nach dem Scheitern der Kleinstaaterweiterungsfraktion traten die Seehafen-Verfechter auf den Plan. Auserkoren wurde natürlich Triest, aus geografischen Gründen und wegen der jahrhundertelangen Tradition.

Man bot Norditalien im Austausch für Triest Nordtirol an. Die Regierung in Mailand zeigte sich verhandlungsbereit – unter der Bedingung, dass es niemals ein Nordtirol-Paket geben dürfe!

Für die Errichtung eines Korridors von Wien nach Triest wurde der slowenischen Regierung die Abtretung Kärntens angeboten. Kaum, dass er ausgesprochen war, brachte der Vorschlag auch dieses Projekt augenblicklich zum Scheitern.

»Wir haben selbst genug Schulden!«, erklärte die slowenische Ministerpräsidentin bei einer Pressekonferenz in Ljubljana. »Wir werden es nicht der österreichischen Bundesregierung gleichtun und im Nachhinein die Kosten für kärntnerische Trotteleien übernehmen!«

So war alles gescheitert, jede Hoffnung schien dahin.

Eine bleierne Last legte sich auf die Seelen der österreichischen Menschen. Eine düstere Mischung aus Schwermut und Traurigkeit schien geradezu sichtbar auf dem ganzen Land zu lasten.

Das besserte sich selbst dann nicht, als Anfang Juli 2026 Österreich das Finale der Fußball-WM in Astana, Kasachstan, gegen Flandern für sich entscheiden konnte. In einem fulminanten Spiel hatte der Nestor der Mannschaft, der 37-jährige Marko Arnautovic, einen Hattrick erzielt. Mit diesem 3:2-Sieg feierte der heimische Fußball den größten Triumph seiner Geschichte. Und doch blieb die liebenswürdige Heiterkeit, die ansonsten die Siegesfeierlichkeiten hierzulande traditionell begleitet, diesmal völlig aus. Der Jubel beim Public Viewing auf dem Stephansplatz hielt sich in engen Grenzen.

Ein älterer Herr merkte an: »Da war ja noch das Begräbnis von der Kaiserin Zita im Neunundachtziger-Jahr lustiger!«

In der Tat herrschte fast Grabesstille. Keine in melodischem Lallton vorgetragenen Schlachtgesänge wie »Immer wieder, immer wieder, immer wieder Österreich!«, keine einzige zerbrochene Auslagenscheibe. Nur sehr wenige Angeheiterte, die mit rot-weiß-rot gefärbten Gesichtern oder Haaren gleichfarbige Fähnchen schwenkten oder mit trägen Fingern ihre Klatschmützen phlegmatisch betätigten.

Ganz Österreich schien so enden zu wollen wie ein Film von Michael Haneke. Tragisch.

Bis zu jenem Montag, dem 28. September 2026. An diesem Tag machte der junge Dr. Kevin Wendelin Banzenmeier eine Entdeckung, die bald ganz Europa verändern sollte. Als wissenschaftlicher Mitarbeiter des österreichischen Haus-, Hof- und Staatsarchivs fiel ihm durch einen Zufall wieder einmal das Schriftwerk des Juristen Aurel Popovici in die Hände.

Banzenmeier kannte diese Arbeit natürlich, die Popovici vermutlich im Auftrag des Thronfolgers Franz Ferdinand verfasst und 1906 auch veröffentlicht hatte. Es ging dabei um ein radikales Reformkonzept für die damalige Donaumonarchie. An die Stelle des Zweistaatensystems – Österreich und Ungarn – sollten 16 gleichberechtigte Bundesstaaten treten, wenn man Bosnien-Herzegowina hinzuzählt. Da man dieses erst 1908 annektiert hatte, war es klarerweise in Popovicis Publikation noch nicht berücksichtigt worden.

Vorbild für den Reformplan waren eindeutig die USA. Daher sollte der neue Staat auch den Namen »Vereinigte Staaten von Groß-Österreich« tragen. An der Spitze sollte allerdings kein Präsident, sondern ein konstitutioneller Monarch stehen – naja, der Kaiser halt!

Immer wieder war der Popovici-Vorschlag vor allem in Monarchisten-Kreisen gerne diskutiert worden, als mögliche Rettung des Alten, Guten, Wahren und Schönen, die man aber verabsäumt hatte. Historiker sahen darin eher eine von vielen Schriften, die, wie viele andere Utopien, nie geschichtswirksam wurde.

Jetzt aber, 2026, so jedenfalls schien es dem jungen Banzenmeier, tickten die Uhren anders. Und zwar in einem Takt, der den Haus-, Hof- und Staatsarchivbeamten förmlich dazu zwang, Popovicis vergilbtes Papier mit ganz anderen Augen zu lesen.

In dem fragmentierten Post-EU-Europa, waren da diese »Vereinigten Staaten« nicht ein klarer Weg aus der Krise? Nämlich auch insofern, als sie nicht, wie einst die EU, ein loser Staatenbund sein sollten, sondern ein Bundesstaat. Mit gemeinsamer Wirtschafts-, Finanz-, Sozial-, Sicherheits- und Außenpolitik.

Und mit dem untrüglichen Instinkt, der österreichischen Spitzenbeamten seit der Zeit des Josephinismus innewohnt, erkannte Banzenmeier seinen historischen Auftrag: »Am österreichischen Wesen wird Europa genesen!«

Basierend auf Popovicis Gedanken, die er so zusammenfasste, dass sie auch für heimische Pisastudien-Versager einigermaßen verständlich waren, veröffentlichte er ein Buch. Das wurde sofort zum Bestseller und in alle Sprachen Ost- und Südosteuropas übersetzt.

Im Gegensatz zu seinem Vorbild hatte Banzenmeier seinen Vereinigten Staaten von Groß-Österreich natürlich keinen Kaiser an die Spitze gestellt.

»Natürlich nicht!«, sagte Banzenmeier im März 2027 in der ZIB 2 auf eine diesbezügliche Frage Armin Wolfs und lachte. »Diese Zeit ist wirklich endgültig vorbei!«

Aber er hatte die Rechnung ohne den Wirt gemacht.

Kaiser Karl II. und die Vereinigten Staaten von Groß-Österreich

Nachdem der ORF Banzenmeiers Interview ausgestrahlt hatte, entwickelte sich in der kleinen Gruppe der verbliebenen Habsburg-Fans in ganz Mitteleuropa ein reger E-Mail-Verkehr. Man stellte das Wolf-Banzenmeier-Interview auch sofort illegal auf YouTube. Vorher war es noch von einer diesbezüglich hochtalentierten tschechischen Gräfin nachkoloriert worden. Denn seit 2024 sendete der inzwischen auf einen Kanal zusammengeschrumpfte ORF aus Kostengründen nur mehr in Schwarz-Weiß. Das Video, das in neun Sprachen untertitelt wurde, erreichte binnen kürzester Zeit mehr als zwei Millionen Clicks.

Dann überstürzten sich die Ereignisse: Im Herbst 2027 besuchte der Enkel des letzten österreichischen Kaisers Karl I., der sechsundsechzigjährige Karl Thomas Robert Maria Franziskus Georg Bahnam Habsburg-Lothringen die Paneuropäische Hochschule in Preßburg. Dort hatte man ihm schon 2015 die Ehrendoktorwürde verliehen.

Doch diesmal waren die Ehrenbezeugungen noch inniger.

»Was ist denn da vorne los? Spielt da vielleicht eine dieser kolossal verrückten Indiebands heute in Preßburg?«, fragte Karl seinen Sohn Ferdinand, der ja bekanntlich im Brotberuf frühpensionierter Rennfahrer ist und den Papa in einem schwarz-gelben Lamborghini durch Bratislava chauffierte.

»Nein, mein hochwohlgeborener und edler Vater!«, entgegnete der Sohn in der lässigen Art, die seit Jahrhunderten den jovialen Umgangston im Hause Habsburg so unverwechselbar gemacht hat. »Ich denke, der Pöbel verließ seine häuslichen Möbel, um Euch zu huldigen!«

Und so war es auch.

Es kam zu Szenen, die noch wenige Wochen vorher niemand für möglich gehalten hätte. Weibliche Teenager in Sisi-Kostümen kreischten »Kaiser Karel, Kaiser Karel«. Ihre jungen männlichen Schulkollegen flehten um Einberufungsbefehle, da sie als Husaren dienen wollten, und vor der Uni spielte eine slowakische Death-Metal-Band die alte Kaiserhymne.

In Prag und Budapest sah man wenige Wochen später ähnliche Szenen, als Karl Habsburg angereist war, diesmal aber schon mit einer Art Hofstaat. In Bosnien belegte der Hip-Hop-Song »Muslims for Monarchy« von Omar Halefowitsch wochenlang Platz 1 der Charts.

Es kam, wie es kommen musste: Am schnellsten schalteten die Ungarn. Am 20. August 2028, dem Tag des heiligen Stephanus, wurde Karl als Károly V. zum ungarischen König gekrönt. Die Krönung nahm Viktor Orbán selbst vor. Bei der anschließenden Pressekonferenz ging es unkonventionell zu: Nicht die Reporter stellten dem frischgebackenen König Fragen, sondern er befragte die Journalisten. Dann verteilte er charmant Punkte an jene, die korrekte Antworten gegeben hatten. Seine Tätigkeit als ORF-Quizmaster Anfang der 1990er-Jahre kam dem König dabei natürlich zugute.

Müßig zu sagen, dass diese Aktion weltweit Aufsehen erregte. Wenn auch die deutschen Zeitungskolumnen nur so vor Sarkasmus trieften, in den ehemaligen »Kronländern« kam der frischgebackene ungarische König als Quizmaster gut an. Bis Weihnachten erhielt Karl aus ganz Mittel- und Südeuropa alte Herzogs-, Grafen- und Wojwodentitel wieder. Schließlich setzte man ihm zu Silvester auf dem Hradschin in Prag auch noch die böhmische Königskrone aufs Haupt. Während der Zeremonie sang der neunundachtzigjährige Karel Gott eines der Lieblingslieder aus den Kindertagen des neuen Königs, den Titelsong zur Zeichentrickserie »Biene Maja«.

Jetzt fehlte nur noch der österreichische Kaisertitel.

Hierzulande herrschte vorerst einmal Skepsis.

»Sollen wir schon wieder getäuscht werden, so wie eh und je?!«, fragte man sich vom Boden- bis zum Neusiedlersee in seltener Einmütigkeit. Doch als sich die Zeitungs-*KRONE* für die Kaiserkrone stark machte, kippte die Stimmung. Durch den Leitartikel »Einen Kaiser braucht man nicht wählen, also kann seine Wahl auch nicht angefochten werden« überzeugte das Kleinformat auch die letzten Zweifler. Bei der rasch anberaumten Volksabstimmung, zu der man vorsorglich keine OSZE-Beobachter zugelassen hatte, gab eine qualifizierte Mehrheit von 132 Prozent der Wahlberechtigten ein klares Ja zur Monarchie.

Nach seiner Krönung erklärte Kaiser Karl II., er werde in Österreich den Adel wieder einführen. Dies erntete begeisterte Zustimmung bei der ÖVP, die sich sofort für eine Grundsteuerbefreiung für alle Güter über 250 Hektar stark machte. Bei Rot, Blau und Grün löste die kaiserliche Ankündigung lautstarke Proteste aus. Diese verstummten allerdings sogleich, als der Monarch in einem allerhöchsten Handschreiben via Facebook mitteilte, dass die Spitzenfunktionäre aller im Parlament vertretenen Parteien unverzüglich geadelt würden. Allerdings zog sich SPÖ-Vorsitzender Kern davor noch rasch aus der Politik zurück. Er wurde Hofmusikkapellmeister im Schloss Schönbrunn. Der gute Kaiser hatte ihn geradezu bestürmt, diese hoch dotierte Stelle anzunehmen, da er Kern irrtümlich für einen Nachfahren der legendären »Kern-Buam« hielt.

Bei der darauffolgenden Nationalratswahl wurde die ÖVP drittstärkste Partei. Dies qualifizierte deren Vorsitzenden, den Baron Basti von Kurz, nach alter österreichischer Demokratietradition für das Amt des Kanzlers. Und so wurde er mit der Bildung einer Konzentrationsregierung beauftragt. Bei dieser Gelegenheit sprach Karl II. die historischen Worte: »Ich kenne keine Parteien mehr – ich kenne nur noch Groß-Österreicher!«

Sicherheits- und Friedensminister wurde der neue Vorsitzende der stimmenstärksten Partei, der SPÖ. Graf Hans Peter von und zu Doskozil veranlasste sofort nach Amtsantritt den Bau von zwölf Friedenskreuzern und zweihundertsechzig Unterseebooten. Diese wurden bald darauf in unserem Kriegshafen Pula auf Istrien stationiert. Die groß-österreichische Kriegsmarine war beständig in humanitärem Einsatz, indem sie Schlepperbanden das Handwerk legte und schiffbrüchige Flüchtlinge rettete, die daraufhin behutsam der Türkei übergeben wurden.

Die Infrastrukturreformministerin, Freifrau Eva von Glawischnig und Piesczek, ökologisierte das Straßennetz, indem sie einen achtspurigen Großglocknerhochalpen-Fahrradweg bauen ließ und ampelgeregelte Passierpfade für Kröten und Igel auf der Südosttangente schuf.

Der aus einem uralten Adelsgeschlecht stammende Vorsitzende der Freiheitlichen, Graf Johann von Gudenus, realisierte als neuer Außen- und Integrationsminister einen alten Plan: Wie schon vor 25 Jahren – also 2004 – angekündigt, ließ er das Flüchtlingslager Traiskirchen auf eine Insel in der Adria verlegen. Inklusive des Traiskirchner Rathauses, in dem ein von Gudenus ungeliebter SPÖ-Bürgermeister saß.

Inzwischen frönte der Kanzler Baron Basti höchstpersönlich seinem alten Hobby, der Außenpolitik, der er einst selbstlos sein

Jus-Studium geopfert hatte. Auf der Krim traf er sich mit einem hochrangigen Abgesandten des russischen Zaren Wladimir des Großen. Ach ja, kurzer Nachtrag: Gleich nach der Krönung von Karl zum ungarischen König hatte der 76-jährige Putin sich aus Trotz zum Zaren ausrufen lassen.

Im Mai 2030, wenige Monate nach den Geheimverhandlungen in Odessa, schloss sich die Ostukraine freudig dem Russischen Reich an. Einen Tag später trat die Westukraine unter klingendem Spiel den Vereinigten Staaten von Groß-Österreich bei. »Lemberg kehrt heim!« titelte die Kaiser-*KRONE*.

Während man in der Hofburg zur Feier des Tages Uhudler-Sekt trank und Adalbert-Stifter-Gedenk-Enten verzehrte, erreichte eine Depesche der US-amerikanischen Präsidentin Melanie Trump per E-Mail die Kaiserliche Hofkanzlei.

»Um Gottes Willen!«, stöhnte Obersektionsrat Hirnpichler, als er die präsidiale Nachricht las. Und mit steinernem Gesicht fügte er hinzu: »Das ist das Ende!«

»Was schreibt sie denn, die US-Präsidentin?«, fragen wir beide ungeduldig Agathe. Doch sie zuckt nur bedauernd die Achseln.

»Ich weiß es nicht!«, sagt sie. »Der Kaffeesud ist ausgelesen!«

»Ja und?«, meinen wir. »Schurl! Stell noch einen Kaffee auf!«

»Leider!«, antwortet der Angesprochene. »Wir haben auch kein Kaffeepulver mehr!«

Das ist höhere Gewalt. So müssen wir dieses Kapitel beenden wie Gustav Mahler seine 10. und Franz Schubert seine h-Moll Sinfonie: Unvollendet!

Wohin geht die Seele?

Das kann doch nicht alles gewesen sein, das bisschen Fußball und Führerschein!

Wolf Biermann, Lyriker und Liedermacher

Wir beide sind ja keine waschechten Esoteriker, obwohl wir gelegentlich ganz gern parawissenschaftliche Methoden anwenden. Als anerkannte Austro-Psychologen sind wir vielmehr Ururenkel, nein, nicht von Frankenstein, sondern der Aufklärung. Also beinharte rationale Denker und deshalb nicht so bewandert in den Dingen zwischen Himmel und Erde, von denen die Schulweisheit bekanntlich keine Ahnung hat.

Aber es gibt durchaus auch ein paar waschechte Naturwissenschaftler, die Gott-, Jenseits- und Reinkarnations-Gläubige sind. Obwohl sie Atomkerne spalten oder als Quantenphysiker mit der Heisenbergschen Unschärferelation so spielerisch umgehen wie Lionel Messi mit dem Fußball und seinen Steuererklärungen. Also muss ein Leben in aufklärerischer Tradition keineswegs zwangsläufig zu Agnostizismus oder gar Atheismus führen.

Wir wollen im letzten Kapitel unserer Seelenreportage keineswegs unsere privaten Befindlichkeiten offenbaren. Wir wollen vielmehr die diesseitigen Ansichten über das Jenseitige dokumentieren, die uns auf unseren Feldforschungsreisen quer durch Österreich von Teilen der autochthonen Bevölkerung offenbart worden sind.

Doch zwischen dem Diesseits und all dem, was danach immer auch sein oder nicht sein mag, steht in jedem Fall zuerst einmal der Tod. Und vor dem wird, wie Thomas Bernhard sagte, »alles andere lächerlich«. Trotzdem oder vielleicht gerade deshalb findet sich in der heimischen Literatur und Kunst oft eine fast groteske Nahebeziehung zu Tod und Sterben, die in manchen Zeiten auch auf deklarierte Nichtkünstler überschwappen kann. So grassierte im ausgehenden neunzehnten Jahrhundert angeblich geradezu eine Todessehnsucht unter der gutbürgerlichen und adeligen Jugend.

»Jener Jugend«, so meinte Arthur Schnitzler, »die mit dem Leben und dem Tod spielte, die rational im Denken und sentimental im Fühlen war, stets in Liebeshändel verstrickt und jede Stunde bereit, in süßer Wonne Abschied zu nehmen.«

Nun, diese Stimmungslage mag eine kurze Episode gewesen sein. Aber dem »letzten Gang« und seiner Gestaltung wird in Österreich seit Jahrhunderten auch eine spezifisch diesseitige Bedeutung gegeben. Das äußert sich im Bestattungszeremoniell und den damit verbundenen gesellschaftlichen Events wie Totengebet, Prozession, Trauerreden und Leichenschmaus.

Die schöne Leich

Der »Reformkaiser« Joseph II. setzte in den österreichischen Erblanden vieles durch, was manche seiner Zeitgenossen gar nicht goutierten: so etwa das Verbot kirchlicher Feiertage, das Aufheben der Bettelorden oder auch das Verlegen der Friedhöfe vor die Stadtmauern aus Gründen der Hygiene und Seuchenprophylaxe. Keiner jubelnden Zustimmung dürften sich auch die kaiserlichen Toleranzpatente für Evangelische, Juden und Freimaurer erfreut haben, in denen diesen das Praktizieren ihres Glaubens oder ihrer Gesinnung gestattet wurde – zwar streng reglementiert und kontrolliert, aber immerhin. Denn auch manchen Nachfahren jener, die nach dem 30-jährgen Krieg zwangsweise katholisch gemacht worden waren, schien das Glaubensmonopol der Papstkirche inzwischen durchaus gottgewollt und das Tolerieren der Andersgläubigen unnötig, wenn nicht gar blasphemisch.

Viele der josephinischen Maßnahmen mochten halblautes Murren ausgelöst haben, manchmal auch empörte Predigten gekränkter Kirchenfürsten, im Regelfall blieben sie aber in Kraft. Zumindest, solange der Kaiser lebte. Denn Joseph II. herrschte schließlich absolut. Trotzdem musste er einmal eine Entscheidung relativ rasch zurücknehmen:

Im August 1784 erließ er eine Verfügung, die anordnete, dass die Leichen ohne Särge zu beerdigen seien. Innovative Sargtischlermeister hatten dafür Totentruhen mit einem aufklappbaren Boden entwickelt, der über der Grube geöffnet werden konnte, sodass die sterblichen Überreste der Verblichenen in die letzte Ruhestätte fallen konnten. Der Klappsarg ließ sich daraufhin problemlos wiederverwenden. Doch schon am 25. Jänner 1785 wurde die Verfügung zurückgenommen. Zu sehr widersprach dieser Bestattungsvorgang offensichtlich dem, was sich die kaiserlichen Untertanen unter einer »schönen Leich« vorstellten. Das leise Murren muss sich wohl zu einem lautstarken Brausen erhoben haben, das auch in den Gemächern der Hofburg nicht länger überhört werden konnte.

Dabei war Joseph II. im Regelfall keiner, der einmal getroffene Entscheidungen auf Zuruf zu ändern pflegte. Dazu eine kleine Anekdote: Als am Kaiserhof bekannt wurde, seine Majestät habe sich entschlossen, den Wiener Prater für das Volk zu öffnen, wurde das von den Hofdamen und Höflingen nicht gerade mit Begeisterung aufgenommen. Schließlich war die Benutzung dieses herrlichen Grünareals bis dahin nur den Angehörigen des Kaiserhauses und dem Adel vorbehalten gewesen. Also fragte man vorsichtig nach, ob seine Majestät diese Entscheidung nicht noch einmal überdenken und nicht lieber auch fürderhin nur unter Seinesgleichen durch die Praterauen wandeln wolle?

Der Kaiser sah die Gruppe der Fragesteller von oben herab an. Dann setzte er sein arrogantes Lächeln auf und sagte: »Nein. Denn sollte ich wirklich nur unter meinesgleichen sein wollen, dann müsste ich ja jeden Tag in die Kapuzinergruft hinuntersteigen!«

Was aber nun die »schöne Leich« betrifft, so hatte Joseph II. in diesem Punkt auch andere Ansichten als Seinesgleichen – also die anderen Angehörigen der Habsburgerdynastie.

Diese pflegten nämlich die Tradition der »getrennten Bestattung«: Den toten Körpern wurden Herz und Eingeweide entnommen – und dann jeweils unterschiedlich zur letzten Ruhe gebettet: Im Stephansdom wurden die Eingeweide in der Herzogsgruft und in der Kapuzinergruft die Körper bestattet. Die Herzen aber werden im sogenannten »Herzgrüftl« der Lorettokapelle in der Augustinerkirche aufbewahrt.

Im bürgerlichen, bäuerlichen und im Arbeitermilieu sah man von solchen »Leichen-Zerteilungen« ab. Neben der traditionellen Erdbestattung, die jahrhundertelang für Katholiken obligatorisch war, kam dann nach dem Ersten Weltkrieg im »Roten Wien« auch der Feuerbestattung wachsende Bedeutung zu.

Auf dem Land ist natürlich bis heute der größte Teil der Begräbnisse, die man als traditionelle »schöne Leich« bezeichnen könnte, katholisch. Es gibt ein Requiem, eine stimmungsvolle Predigt durch den Herrn Pfarrer, es singt der Kirchenchor. Und bei besonders »schönen Leichen« spielt auch eine Blaskapelle, vorzugsweise während der Prozession von der Leichenhalle oder Kirche hin zum Friedhof und zum offenen Grab. Immer öfter werden dabei auch Lieblingssongs der Verblichenen gespielt, manchmal auch aus dem Rock- und Pop-Bereich.

In Großbritannien wurde bereits vor einigen Jahren eine Chart-Liste der »Greatest Funeral Hits« veröffentlicht: Soweit uns das erinnerlich ist, lag auf Platz 1 »I will always love you« von Whitney Houston. Abgeschlagen auf dem letzten Platz landete ein Hit von Queen: »Another one bites the dust«.

Apropos Charts: Die am häufigsten dargereichten Speisen beim Leichenschmaus sollen in Österreich gekochtes Rindfleisch mit Semmelkren, Schweinsbraten und Kümmelbraten sein.

Rindfleisch! Schweinsbraten! Kümmelbraten! Es ist klar – hier tut Umdenken not. Die Zahl der Vegetarier und Veganer nimmt ständig zu, dem wird auch die Leichenschmaus-Gastronomie Rechnung tragen müssen. Einfallslose Alternativen wie Tofu-Spitz mit Semmelkren oder zypriotischer Kümmelbratkäse werden da nicht ausreichen.

Wir Seelenanalytiker wissen, dass die flirrende Heiterkeit, die oft recht eigenartig über Leichenschmausen schwebt, Ausdruck einer besonderen Form des Abschiednehmens ist. Man gedenkt der noch als astral anwesend empfundenen Verstorbenen in einer sehr lebenszugewandten Form. Man sollte sich aber dessen bewusst sein, dass es sich dabei nicht um eine posthume Auseinandersetzung, sondern um eine Würdigung handeln sollte.

Beim Leichenschmaus für einen überzeugten Nichtraucher sollte man sich also nicht schon nach der Suppe eine Zigarre anzünden. Ist eine passionierte Jägerin von uns gegangen, so wird, wenn es die Saison erlaubt, gespicktes Rehherz oder Hirschfilet als Leichenschmaus als durchaus passend empfunden werden. Man sollte aber in jedem Fall eine vegane Alternative für den passionierten Tierschützer in petto haben.

Insgesamt haben viele Gespräche und auch ausgiebige Internetrecherchen auf den Webseiten ambitionierter Bestattungsunternehmen ergeben, dass nicht nur die Vorstellungen vom Leichenschmaus, sondern auch jene von der »schönen Leich« hierzulande bedeutenden Veränderungen unterliegen.

So gewinnt die Feuerbestattung gegenüber der Erdbestattung immer mehr an Bedeutung - auch in katholischen Kreisen. Denn seit 1983 ist Einäscherung auch für gläubige Katholiken generell erlaubt, wenngleich nach wie vor die Erdbestattung anempfohlen wird.

Es mögen bei einer solchen, gewissermaßen finalen Entscheidung durchaus auch finanzielle Überlegungen eine gewisse Rolle spielen. Seien doch viele Österreicher, wie uns ein Fachmann versicherte, oft überrascht, manchmal sogar empört über die relativ hohen Bestattungskosten - müsse man doch im Durchschnitt mit etwa 7000 Euro rechnen.

Frau Schreyvogl, die wertkonservative Mozartkritikerin, die wir im Salzburger Café Tomaselli kennenlernen durften, wies es allerdings weit von sich, dass ihre Feuerbestattungspläne etwas mit Sparwillen zu tun hätten. Sie habe sich vielmehr entschlossen, in ihrem Garten im Kreise ihrer Hunde, der Möpse Raoul, Albin,

Errol und Curd, zur letzten Ruhe gebettet zu werden. Und die Realisierung dieses Wunsches sei nun schon einmal allein wegen der Rechtsformalitäten in einer Urne einfacher als in einem Sarg. An der Seite eines ihrer drei verblichenen Ehepartner Hans, Franz oder Fritz beigesetzt zu werden, ein solcher Gedanke sei ihr kein einziges Mal in den Sinn gekommen, erzählte uns Frau Schreyvogl und fügte hinzu: »Allein die Vorstellung, an der Seite eines dieser Tölpel am Jüngsten Tag wieder aufzuwachen, treibt mir kalte Schauer über den Rücken!«

Also wird sie dereinst im Blumengarten ihrer Salzburger Villa ruhen, treu bewacht von ihrem Mops-Quartett, so lange, bis sie von den Engelsposaunen gerufen wird.

Auf eine interessante Variante der »schönen Leich« hat uns Kemal, der Schöpfer des Original Kärntner Kebab, aufmerksam gemacht: »Naja, in meiner Freizeit bin ich ein begeisterter Kapitän!«, hat er uns erzählt.

»Wie Sindbad der Seefahrer!«, entgegnen wir schlagfertig.

»Ja, wie Sindbad, der Schlauchbootfahrer. Da gleite ich über die glitzernden Wogen der schönsten Kärntner Seen. Oft einen ganzen Tag lang. Das ist herrlich entspannend!«

»Sie rudern einen ganzen Tag lang im Schlauchboot? Alle Achtung! Bombenkondition!« Wir stoßen synchron einen anerkennenden Pfiff aus.

»Ich rudere nicht. Ich bin doch kein Galeerensträfling! Ich habe einen Außenbordmotor.«

»Umweltsünder! Ökoterrorist! Zurück mit dir nach Libyen, du Ratte!« Wir haben an sich ja nichts gegen Migranten. Aber wenn sie unsere herrlichen Seen verdrecken, dann kennen wir kein Pardon. Dann mutieren wir plötzlich geradezu zu Hoferanten und Strachisten!

»Elektro-Außenbootmotor!«, sagt nun Kemal kleinlaut.

»Gut. Das geht. Vergeben Sie uns unsere kurze Heftigkeit, Effendi!« Kemal überhört die leichte Ironie in unserer Formulierung und vergibt uns. Dann erzählt er uns, dass er wegen seiner großen Liebe zur Kärntner Seelandschaft für sich eine Seebestattung ins

Auge gefasst habe. Wir sind erstaunt. Denn wir dachten immer, eine solche sei nur auf dem offenen Meer möglich und auch nur dann, wenn man offiziell bei Kriegs- oder Handelsmarine tätig sei. Oder zumindest als Edelpirat im Dienste ihrer Majestät segle – so wie Sir Walter Raleigh oder Sir Francis Drake.

Aber weit gefehlt. Kemal erklärt uns, das sei längst auch hierzulande für Normalbürger möglich und durchaus üblich.

»Aber kostet das nicht einen Haufen Geld?«

»Gut ja, es ist schon recht teuer. Aber man erspart den Angehörigen à la longue die Friedhofskosten!«

Seine Frau Britta, die immer noch sehr jugendlich wirkende Beach-Volleyballspielerin, überlege übrigens für sich eine »Edelsteinbestattung«, erzählte uns Kemal weiter. Dabei werde die Asche durch ein komplexes Verfahren in einen Diamanten verwandelt. Ein schönes Erinnerungsstück für die Nachwelt, habe Britta gemeint und gleichzeitig auch eine vernünftige Wertanlage für die potenziellen Enkerln.

Unsere weiteren Internetstudien haben ergeben, dass es unter der Headline »Naturbestattungen« neben den erwähnten See- und Edelsteinbestattungen auch noch Flugzeug-, Flugballon-, Fluss-, Bergbach-, Baum- und Felsenbestattungen gibt. Diese setzen, wie dankenswerter Weise von den einschlägig tätigen Unternehmen erklärt wird, allesamt eine Feuerbestattung voraus.

ALSO VORSICHT: Eine noch so feierlich inszenierte Sargbestattung in einem Gebirgsbach ist eine strafbare Handlung!

Ziele der letzten Reise

Österreich ist nach wie vor ein erzkatholisches Land: Von den etwa achteinhalb Millionen Einwohnern sind mehr als fünf Millionen Mitglieder der katholischen Kirche. Laut Umfragen glaubt aber nur etwas mehr als ein Drittel der Bevölkerung an die Auferstehung der Toten. Ist also Weiterlebens- und Jenseitsglaube mehrheitlich abhandengekommen?

Wir wissen es nicht. Bei unseren Recherchen sind wir aber auf eine Vielfalt von esoterischen Vorstellungen gestoßen, die uns oft erst auf geschicktes

Nachfragen offenbart wurden. Am Anfang stand meist ein: »Aber nein, da ist gar nix. Aus, Schluss, am Ende ist alles vorbei! Finito!«, dem dann meist ein bedauerndes »Leider!« hinzugefügt wurde. Wenn wir dann aber psychoanalytisch nachfragten in Richtung Träume oder Kindheitserinnerungen oder gar die Probanden in Hypnose versetzten, wurden wir mit einer bunten Welt von Jenseits- und Weiterlebensvorstellungen konfrontiert, die uns in Erstaunen versetzte. Oft traten Mischungen aus den Jenseitsvorstellungen der drei Buchreligionen Christentum, Judentum und Islam mit schamanistischen Ergänzungen auf. Aber es waren auch Einflüsse von Buddhismus und Hinduismus bemerkbar, die sich hin und wieder auch mit Bildern aus Science-Fiction-Filmen verbanden.
Als Abschluss unseres Buches veröffentlichen wir im Folgenden einige Ergebnisse unserer diesbezüglichen Feldforschungen.

Früher Abend. Ein Heuriger in Wien/Stammersdorf. Egon K. (68), pensionierter Eisenbahner, hat soeben ein Bruckfleisch verdrückt und wendet sich nun uns zu:

Schauen Sie: Natürlich glaub i, dass i in Himmel kommen werd! De paar Strafmandate wern net ins Gwicht fallen. Der Herrgott is barmherzig! Aber i glaub net aun so an Himmel, wie eam die Pforrern beschreiben. Des is alles mehr wia a Gleichnis, wissens, was ich mein? Ich erklärs Ihnen: Nur rein vom Essen her gesprochen: Dass man im Himmel dauernd Manna-Schnitten essen muss, is a kompletter Bledsinn! Sicher – Manna mag man eben, is scho klor, aber net dauernd! Als Nachspeis zum Kaffee, is mir a Pariser Spitz oder a Punschkrapferl weit lieber.

Manna, Manna, Manna, jeden Tag, in alle Ewigkeit, herzlichen Dank, nein! Zur ewigen Glückseligkeit brauchts a gewisse Abwechslung, net? Des hab i a schon zu meiner Cilly gsagt, seinerzeit, wie i mi hab von ihr scheiden lassen und zur Moni zogen bin. Wie bitte? Ja, natürlich san Scheidung und Ehebruch Sünden, sicher, klar! Aber i komm trotzdem in Himmel. Des is nämlich das Supere bei uns Katholiken: Da kannst du machen was du willst: Betrug, Einbruch, Mord, vom Falschparken bis hin zur vorsätzlichen Krida – du musst es nur beichten. Gewissen durchforschen, Reue wecken, ernstlichen Vorsatz machen – das ganze Menü halt. Dann Absolution – ZACK! – alles wieder paletti!

Apropos Menü: Im Himmel dann kriegt a jeder, wos ihm schmeckt: Der Ami an Hamburger und a Cola. Der Krowod an Cevapcici und an Plavac. Der Marmeladinger, also der Piefke, a Schnitzel mit Tunke und a saure Schorle. Der Chines a Tschopsui, der Japaner a Suschi und olle zwa an Grünen Tee dazu. Und wos kriegt da Tirk? Da Tirk kriagt an Kebab und an russischen Tee.

Dabei erwartet er sich ja stattn Tee an Haufen Jungfrauen. I habs nachglesn im Internet, weils mich interessiert hat – zweiundsiebzig Jungfrauen pro Mann! A Wahnsinn! Packt doch kana!

Hab i eh gsagt, zu mein Nachbarn im Gemeindebau, zum Ömar, a Türke, aber trotzdem a wirklich netter Mensch –»Ömar, hab i gsagt, i weiß, es ist deine Religion. Aber bitte, ehrlich jetzt: Was machst du mit zwarasiebzig Jungfrauen? Waunst du nur ane von der Weitn aunschaust, haut dir deine Hülya sofort ane übern Zichurie, dass du olle Engerl des Himmels singen hörst, obwohl de grad alle Gesangspause mochen.« »Ja, eh!«, hat er drauf gsagt, da Ömar. »Aber bei uns im Koran ist das alles mehr ein Bild, ein Gleichnis, verstehst?« Sehen Sie? Ist bei denen net aunders als wie bei uns! So. Aber ausnahmsweise hol i ma heute doch a Packel Mannaschnitten! Wollen Sie a was vom Buffet?

Ein Campingplatz am Wolfgangsee. Vor ihrem Wohnmobil sitzen Kristina T. (35), Volksschullehrerin, und Philipp T. (39), Steuerprüfer. Die beiden sind seit zehn Jahren verheiratet. Sie stammt aus Leoben in der Steiermark, er aus Rankweil in Vorarlberg. Beide sprechen österreichisches Hochdeutsch – mit einem leichten Akzent, der die jeweilige Abstammung verrät. Wir zwei sitzen dem Paar auf höchst unbequemen Campingstühlen gegenüber.

Philipp: Meine Frau glaubt an die Seelenwanderung.
Kristina: Ich glaube nicht an die Seelenwanderung, ich lebe sie.
Philipp: Sie glaubt, sie war einmal eine Prinzessin bei den Mayas.

Kristina *(lächelnd)*: Unsinn. Ich war keine Prinzessin bei den Mayas, ich war Hohepriesterin im Tempel unserer Mondgöttin!

Philipp: Warum waren Leute, die an die Wiedergeburt glauben, in einem früheren Leben immer so etwas Besonderes? Ich kenne da den Sohn von einem Zimmereiunternehmer aus Dornbirn. Der glaubt, er war im früheren Leben Jesus Christus! Übrigens, meine Herren, kennen Sie den Witz: Was heißt auf Vorarlbergisch »Jesus«? Antwort: »Dornbirn!«

Er lacht. Wir lachen. Kristina lacht nicht.

Kristina: Und was hat das jetzt mit mir zu tun?

Philipp: Wieso warst du eine Hohepriesterin bei den Mayas? Und nicht Kindermädel bei den Müllers?

Kristina: Warum sollte ich ein Kindermädel gewesen sein?

Philipp: Weil du eine Volksschullehrerin bist! Vom Kindermädel zur Volksschullehrerin, das wäre wenigstens ein Aufstieg! Aber von der Hohepriesterin zur Volksschullehrerin ... naja.

Kristina: Unser Seminarleiter, der Pirmin, hat gesagt, im nächsten Leben werde ich den Quantensprung machen!

Philipp: Lass mich raten: Hauptschullehrerin?

Kristina: Du bist so bösartig! Aber wundern tut mich das nicht: Der Pirmin hat mir offenbart, was du schon einmal gewesen bist!

Philipp: Ach ja?! Wer war ich denn, ich Bösartiger? Attila der Hunnenkönig? Dschingis Khan? Josef Stalin? Oder hu-hu-hu – – vielleicht sogar Adolf Hitler?

Kristina: Nein. Du warst eine Gelse. Eine Stechmücke. Ein Moskito!

Philipp: Na und? Damit hat er mir aber doch ein Riesenkompliment gemacht, dein Pirmin, oder?

Kristina: Welches Kompliment?

Philipp: Ich habe als Seele eine Riesenentwicklung durchgemacht: von der Gelse zum Steuerprüfer!

Kristina: Wieso? Blutsauger bleibt Blutsauger.

Sie nickt uns kurz grüßend zu und zieht sich ins Wohnmobil zurück. Philipp sieht uns verunsichert an.

Philipp *(plötzlich panisch)*: Blutsauger? Was werde ich dann im nächsten Leben? Ein Vampir?

Wir wissen es nicht.

Mitten in der Nacht. Unter klarem Sternenhimmel. Auf einem kleinen Hügel im Weinviertel. Dr. Cajetan B. (75) zieht sich eine karierte Wolldecke enger um die Schultern und meint zu uns:

Für eine Augustnacht ganz schön kalt, nicht? Gut, aber die Welt ist heute sowieso insgesamt kalt, selbst wenn es 37 Grad plus hat draußen. Das ist natürlich im übertragenen Sinne gemeint. Aber Sie beide sehen halbwegs vernünftig aus und wissen ohnehin, was ich meine: Auf den Autobahnen wird immer brutaler gefahren, die jungen Leut' können nicht mehr »Grüß Gott« sagen. Und wenn man einem jungen Mädel fröhlich aufs Arscherl klopft, aus reiner Lebensfreude, kommt man gleich wegen sexueller Belästigung in die Anstalt für unheilbar johannistriebgesteuerte Sexualattentäter. Nur, weil man dem Mädel eine Freud machen wollt. Furchtbar! Wir leben im Spätherbst unserer Kultur. Ich möchte über alle Berge sein, wenn es Winter wird. Ich bin mir sicher, im Oriongürtel wird's besser. Dort werden wir ewig leben. Sonst hätten doch nicht schon die alten ägyptischen Pharaonen nach ihrem Tod dorthin reisen wollen! Alle Pyramiden waren auf die Gürtelschnalle des Orion hin ausgerichtet. Die einbalsamierten Pharaonen sind von dort mit einem Raumschiff abgeholt worden. Mit fünfzigtausendfacher Lichtgeschwindigkeit! Die toten Körper sind dann dort sofort wiederbelebt worden. Und wir werden in einigen Minuten auch diesen Flug antreten! Mich wundert es, dass nur ihr zwei meinem Ruf über Facebook und Twitter gefolgt seid. Denn das ist die letzte Chance für jeden, sich selbst, seinem Körper wie auch seiner Seele das ewige Leben zu sichern!

Wir zwei sehen einander an, nicken und rufen, da hier offensichtlich einiges aus dem Ruder zu laufen droht, den psychosozialen Notdienst an. Der Proband merkt gottlob nichts von unserem Unterfangen – doch die Nummer ist leider besetzt.

Plötzlich aber erhebt sich ein Brausen und Herr Cajetan B. deutet mit vor Aufregung zitterndem Zeigefinger gen Himmel, wobei er beständig schreit:

»Da, da, da!!«

Wir folgen seinem Blick und staunen nicht schlecht: Mit passabler Geschwindigkeit nähert sich uns ein Flugobjekt. Kühl kalkulierende Wissenschaftler wie wir sind da natürlich nicht zu täuschen.

»Eine Kamera-Drohne!«, sagt der eine von uns. Der andere nickt und fügt hinzu:

»Da machen ein paar Weinviertler Rotzpipen wahrscheinlich wieder Nachtaufnahmen. Möglicherweise sogar solche widerlich pornografischen Inhalts!«

Doch wir müssen unsere Analyse revidieren, als wenige Augenblicke später das Flugobjekt zur Landung ansetzt. Noch Sekundenbruchteile vorher schien es einen Durchmesser von vielleicht einem Meter oder einem Meter zwanzig zu haben. Aber es ist plötzlich riesig und sieht tatsächlich aus wie eine Fliegende Untertasse.

Uns beiden kommen die apokryphen Schriften des Propheten Henoch in den Sinn, in denen er eine »Himmelsreise« beschreibt, die von zahllosen Däniken-Epigonen als »Beleg« für außerirdische Besuche auf unserem Planeten gerne zitiert wird. Gleich darauf fallen uns Erlebnisberichte von meist US-amerikanischen Hysterikern ein, die von Entführungen durch exterrestrische Raumfahrzeuge berichteten, von Humanexperimenten … von Folterungen …

»Das wird die Hölle!«, entfährt es uns beiden nahezu gleichzeitig.

»Aber ich bitt' Sie! Es gibt keine Hölle!«

Wer sagt das? Ja, klar. Das ist eindeutig die Stimme von Egon K.! Von Egon, dem pensionierten katholischen Eisenbahner. Wir sitzen wieder beim Hauer-Dolferl in Stammersdorf und müssen kurz eingenickt sein. Eigenartig. Sollte die ganze Raumschiff-Geschichte nur ein Traum gewesen sein? Wir kommen aber nicht dazu, diesem Gedanken weiter nachzuhängen, denn Egon fabuliert laut und munter weiter.

Wie gsagt – es gibt ka Hölle. Aber, jetzt amal rein hypochondrisch gesprochen, wenn es eine Hölle gabert, wissts ihr, wie de ausschauen tät?

Nein, wir wissen es nicht.

Dann werde ich es euch sagen, Freunde: Für mich warat es die Hölle, wenn a gaunze ewige Ewigkeit lang um mich herum nur lauter so Leute waraten, die genauso san wie i. Das warat für mi persönlich de Hölle. I hab das einmal erlebt, seinerzeit, wie i no mit der Cilly zsamm war. Da waren mir Camping in Jugoslawien. Und auf dem Campingplotz und aum Straund, auch im Straund-Café, worn nur Österreicher. Gut schon – Campingplotzpersonal, Serviermadeln und so weiter worn natürlich schon Jugos. Aber Gäste? Nur Österreicher. De haum de gaunze Zeit gschimpft, de ham de gaunze Zeit gfäut und de haum se de gaunze Zeit aungsoffen. I hätt mir nie dacht, dass i amoi an Piefke herbeisehnen kentert oder an Itaker. Aber damals, an diesem Strand in Jugoslawien, hab ich es getan. Aber es ist kana kumman. Ich hab mich gefühlt, ois warat i mitten drin in aner Fernsehsendung von der Toni Spira. Aber – man hot net audrahn können. A ganze Wochen lang. Seitdem weiß i, wie die Hölle ausschaun tat, wauns ane gabat.

Wir sehen einander an und sind beeindruckt. Ein wunderbares Outing, noch dazu ganz ohne Hypnose. Welches andere Volk ist zu solchen selbstkritischen Äußerungen fähig? Uns fällt keines ein. Und einmal mehr müssen wir unwissenschaftlich, aber emotional resümierend feststellen:
Wir sind super!
Und zurecht stolz darauf. Auf Wiederschauen!

Statt eines Nachworts: Reaktionen, mit denen wir (nicht) gerechnet haben

Vollkommener Blödsinn! Dieses Zukunftsbild! Der hochadelige Gudenus wird nie unser Parteiführer und Außenminister! Er kann zwar Russisch und ist ein Hawara vom Putin, so wie der Karli Schranz, aber ihm fehlt das Liederschiff! Der Gudenus ist weit doofer als wie der Hofer und nicht so okay wie der HaCe!
Bertl Frincic, Pensionist, Leoben in der Steiermark

Ihr zwei Gschpritzten glaubts auch, dass ihr noch immer Saison habts, was?!
Sabine Mayer, Medienfachfrau, Wien

Die ethische Relevanz dieser elaborierten Essays – wobei letzterer Begriff in diesem Kontext positiv konnotiert ist – offenbart sich auch dem Durchschnittsrezipienten, sobald er sich auf den Transfer von basal Semiotischem in essenziell Semantisches ohne dialektischen Vorbehalt spielerisch einlässt.
Dr. Bodo Panzenreither, Philosoph, Kellner und unterbezahlter Ö1-Sachbuchkritiker, Freistadt in OÖ

In Tirol brauchts ihr gottverdammten Gfrasta nit mehr einreisen! Für Protestanten wia eich ischt ab heite jeder Schilift gschperrt!
Bartl Mitterlärcher, Hüttenwirt, Kufstein in Tirol

Wer bitte ist dieser Bumsti? Der ist eine Schande für unsere ganze Bewegung!
Wotan Globototschnigg, Kunstmaler und Senior der Burschenschaft Prussaria, St. Filippen in Kärnten

Liebe Herren! Ich bin eine große Verehrerin unseres verehrten Herrn Außenministers, des schmucken Basti Kurz. Weil er so lieb schauen kann und trotzdem diese harte christliche Männlichkeit ausstrahlt. Ich bin Ihnen beiden so dankbar, dass Sie diesen entzückenden Brief an seine noble Frau Mutter in ihrem wunderbaren Buch abgedruckt haben. Und ich möchte Ihnen auch sagen, wie glücklich ich darüber bin, dass wir in Ihnen beiden noch zwei großartige Künstler haben, die unsere Heimat nicht besudeln. Der Herrgott möge Sie beschützen, aber auch natürlich unser Österreich, die Ein-Euro-Jobs für Kameltreiber und Basti Kurz. Adieu!
Malwine Flötzer-Steig, Hofratswitwe i. R., Klosterneuburg in NÖ

Wir dachten immer, Sie beide seien Sozialdemokraten. Aber dann mussten wir in Ihrem Buch »Wir sind super!« diese grottenschlechten Parodien und so Sachen auf gleich mehrere Genossen lesen. Das ist unterste Schublade und dient dem politischen Gegner. Pfui Teufel!
Viktor Geier, sozialdemokratischer Gewerkschaftssekretär, Pinkafeld im Burgenland

Ich habe selten so viel Charmantes und Herzerfrischendes über mein wunderbares Salzburg gelesen wie in Ihrem traumhaften Geschichtenbuch! Auch ich spaziere wahnsinnig gerne durch Schloss Hellbrunn und liebe meinen Kaffee im Tomaselli. Ein bisschen gewagt, aber für mich als Liberalkatholiken durchaus köstlich und gelungen ist auch Ihre Jedermann-Parodie mit den ganzen Werbesachen drinnen! Heutzutage wird ja wirklich die ganze Kultur der

Wirtschaft geopfert. Erst kürzlich habe ich zu meiner Gattin gesagt: Mein Turbo-Mercedes ist mir deutlich lieber als der Turbo-Kapitalismus! Wenn Sie dieses Wortspiel in Ihrem weiteren Schaffen verwenden wollen - - gerne, gell? Ich werde keine Tantiemen verlangen! Sie vorzüglich hochachtend grüßend, Ihr
Benno Sandhorst, Privatier, Salzburg Stadt

Wir dachten immer, ihr zwei seid Grüne! Aber jetzt, nachdem ihr diesen Blödsinn über die Eva geschrieben habt, dass sie ampelgeregelte Krötenpassierwege auf der Südosttangente machen will, wissen wir, dass ihr keine Grünen seid. Sondern riesengroße Deppen!
Mag. (FH) Selina Blümle, Lebensberaterin, Dalaas, Vorarlberg
PS: Die ampelgeregelten Krötenübergänge sind ein Grünes Pilotprojekt nicht für die Südosttangente, sondern für die Rheintal-Autobahn, ihr Schwachköpfe.

EINE GRAPHIC NOVEL
HEINZ FISCHER
UND DIE
ZWEITE REPUBLIK
TEXT:
FRITZ SCHINDLECKER
ZEICHNUNGEN:
REINHARD TRINKLER